ORAGE ET DÉSESPOIRS

Pour vous tenir informé des prochaines publications de Mareuil Éditions, rendez-vous sur : www.mareuil-editions.com

Guillaume di Grazia

ORAGE ET DÉSESPOIRS

Mareuil
Éditions

« La continuité des grands spectacles
nous fait sublimes ou stupides.
Dans les Alpes, on est aigle ou crétin. »

Victor Hugo

IL EST DES NÔTRES

La véracité d'un événement vaut par la qualité de celui qui en fait le récit.

Aujourd'hui les images de retransmission télévisée nous permettent de suivre le Tour de France de bout en bout avec une multitude de caméras censées ne rien manquer, depuis le rictus du loser jusqu'au déraillement de l'outsider en passant par la pause pipi du leader. Les commentateurs dans leur studio, détenteurs d'informations supplémentaires glanées par la communication interne et augmentées de complicités dans l'organisation, rajoutent à ce flot un regard encore plus complet sur le déroulement de la course, sans oublier les informations fournies *via* les réseaux qui abreuvent tous ceux qui, jamais rassasiés, veulent tout connaître de ce qui se passe à la seconde près.

Grâce à toute cette armada, il me semblait qu'il n'était plus concevable de nos jours de voir les choses autrement que telles qu'elles apparaissaient sur les écrans… Et pourtant ! C'était oublier le pouvoir de l'écrit, du ressenti, surtout si l'auteur est inclus dans ce dispositif, qu'il en est un des chefs d'orchestre. C'est ce que parvient à faire Guillaume di Grazia en évoquant par épisodes disparates, mais reliés par l'inéluctable continuité de la grande histoire du Tour, des faits connus ou inconnus qui sont la matière principale pour écrire les légendes. Le journaliste encore tout émerveillé d'être à sa place nous livre sa vérité sur le Tour 2019 et les résonnances des précédents en s'appuyant sur les hommes et les femmes qui en occupent les postes les moins en vue, mais souvent les plus indispensables.

Grâce à lui nous sommes dans la course et à côté, mais jamais nous ne sommes hors sujet, c'est pourquoi il peut se permettre tous les songes comme celui presque inavouable d'assister enfin au sacre d'un Français. Si cette issue n'est restée qu'une chimère, on découvre que ses rêves peuvent ressembler aux nôtres et qu'il est donc notre semblable. Grâce à lui nous découvrons comment fête peut être voisine de tempêtes, à quel point vivre un Tour, c'est vivre toujours, animé par quelque chose de puissamment viscéral, surtout pour lui, qui de toute manière ne peut pas le vivre autrement. Par cette immersion dans les coulisses de cet incroyable cirque et dans son esprit toujours foisonnant à la recherche de l'ivresse des émotions et la tendresse des sensations, Guillaume nous invite à découvrir l'insolite de l'inimaginable avec un appétit et une délectation qui n'appartiennent qu'à ceux qui l'ont vécu s'adressant à ceux qui voudraient tout savoir.

Marc Fayet
Comédien
Auteur
Cycliste

PROLOGUE

Dimanche 28 juillet 2019, 21 heures
Héliport de Paris (Issy-les-Moulineaux)

Bernard Hinault descend d'un hélicoptère mis à sa disposition par Amaury Sport Organisation (ASO[1]). Le Breton porte son ancien, mais toujours impeccable costume d'ambassadeur du Tour de France. Il se dirige tranquillement vers la sortie où l'attend une moto, elle aussi affrétée par ASO. Son pas est décidé, mais pas précipité. Le pas d'un homme qui gère son temps depuis qu'il est officiellement rangé des affaires vélocipédiques.

Ce petit crochet parisien ne figure pas dans l'agenda juilletiste du quintuple vainqueur de la grande boucle. Il y a encore quelques dizaines de minutes, papy Bernard gazouillait avec Armand, son petit-fils, 4 ans déjà, sous les regards amusés de ses fils et celui toujours bienveillant de Martine, sa femme.

Après huit Tours de France, les fesses vissées sur la selle et trente autres à serrer des paluches sur le podium d'arrivée, le menhir d'Yffiniac a tourné toutes les pages de ce livre sans fin.

Les victoires de sa nouvelle carrière sont proustiennes, Bernard vit à la recherche de ce temps perdu loin des siens, de ses fils surtout, Mickaël et Alexandre, qu'il n'a pas vus devenir des hommes. Alors foi de blaireau[2], il sera le champion du monde des grands-papas, le *campionissimo* des papys.

1. ASO est une entreprise privée française créée en 1992, spécialisée dans l'organisation d'événements sportifs : Tour de France, Paris-Nice, Paris-Roubaix mais également Marathon de Paris ou le Rallye Dakar. ASO appartient au groupe de presse Amaury, également propriétaire du quotidien *L'Équipe*.

2. Surnom de Bernard Hinault (Fra), quintuple vainqueur du Tour de France. Mon héros de jeunesse.

C'est Christian Prudhomme qui a su trouver les mots pour le faire sortir de sa douce retraite lanjuinaise, commune de Calorguen, où résident le patriarche et son clan. La crise diplomatique a été désamorcée en un coup de fil. Enfin, après de multiples tentatives et messages restés sans réponses. Le Bernard aime se faire désirer surtout au moment d'abandonner sa place de dernier vainqueur français du Tour de France.

Prudhomme – Allô, Bernard ? C'est Christian.

Hinault – Oui, Christian, comment ça va ? J'ai vu que tu avais essayé de me joindre mais j'étais à la pêche à pied vers Cancale avec les enfants et je ne captais pas bien.

— Ce n'est pas grave Bernard. En revanche il faut que tu viennes demain pour la remise du maillot jaune.

— Impossible ! Demain midi, j'ai les enfants qui viennent manger à la maison, il y aura aussi Christophe, mon filleul, le fils du grand Jacques[1].

— Je te le demande comme une faveur personnelle, le ministère met la pression. Macron vient en personne, alors qu'il est en vacances au fort de Brégançon depuis quatre jours. On a modifié tout le protocole. Écoute ! La cérémonie du maillot jaune est à 21 h 50. Un hélicoptère t'attendra en fin d'après-midi. Tu restes avec nous le soir. Retour en Bretagne lundi matin.

— OK, mais je rentre dimanche soir, après la cérémonie.

— Ça marche, à demain, merci monsieur Hinault !

Impossible d'imaginer ce podium du 106e Tour de France sans Le Blaireau, l'icône doit être sur la photo pour l'histoire et pour l'éternité.

Trente-quatre ans d'attente, de vide, de désespérance, nous avions fini par croire que pour nous, les petits Gaulois,

1. Jacques Anquetil (Fra), également quintuple vainqueur du Tour de France. Héros de jeunesse de nos grands-parents.

l'essentiel n'était que de participer. N'est-ce pas monsieur le baron ?

La moto s'engage sur les quais de Seine, à l'arrière sous son casque, Bernard Hinault se sent soulagé, il a enfin un successeur. Un dernier podium protocolaire et il pourra retourner à ses berniques.

Cinq kilomètres plus loin, les Champs-Élysées chantent. Ils rugissent de plaisir, c'est jour de fête, jour de libération. Plus d'un million de personnes chantent à l'unisson *La Marseillaise*. Ce soir nous sommes une nation, tous unis derrière un maillot jaune, sans distinction de couleur de peau, de pouvoir d'achat, de gilet, ou de croix. Les premiers mots de Rouget de Lisle font mouche : « Allons enfants de la patrie, le jour de gloire est arrivé… » Enfin !

Le protocole est lancé. Vainqueur d'étape, combativité, maillot vert, maillot à pois, maillot blanc et ce sera ensuite au tour de Julian.

Le d'Artagnan du Berry est hilare comme d'habitude.

Né en 1992, il ressemble à un quadra. Son visage est ravagé par trois semaines d'efforts, de luttes et de rebondissements jusqu'à cette journée folle du 26 juillet. En *backstage* de la zone protocolaire, le *show man* perpétuel a déjà improvisé quelques séances de *clapping* majuscules avec un parterre de privilégiés accrédités. Il est comme ça le loup[1], et ce n'est pas sa victoire au classement général qui va changer les choses. Hyperactif mais surtout hypergénéreux, besoin de donner avant de recevoir.

À quelques mètres de là, « Motoman » dépose Bernard Hinault, immédiatement pris en charge dans la plus grande discrétion par tout l'état-major du Tour : Christian

1. Mon loup. Petit sobriquet distillé avec générosité par Julian aux gens qu'il aime bien. Exemple : Comment ça va mon loup ? Qu'est-ce que tu deviens mon loup ?

Prudhomme (directeur du Tour de France), Thierry Gouvenou dit « Nounours » (directeur technique du Tour de France) et François Lemarchand (responsable sportif du Tour de France).

Prudhomme – Merci Bernard d'être ici.

Hinault – C'est normal, Christian. Je l'aime bien le gamin. Sa victoire est miraculeuse mais c'est ça le vélo. Ça ne gueule pas trop dans le peloton ?

— Pour l'instant, y en a deux, trois qui ricanent mais ça va.

— Le règlement est avec nous. Et puis les Italiens, qu'ils la ferment. Ils ont oublié les Dolomites, Fignon, Moser et l'hélicoptère. Sans parler du bon vieux temps où dans les cols du Giro, les motos de la RAI ramenaient tout le monde derrière le roi Eddy. Et les Espagnols qui se sont unis contre la princesse d'York en 1985, enfin Robert Millar.

— J'avais compris Bernard, répond en souriant Christian Prudhomme.

— C'est vrai, toi tu connais le vélo ! Depuis tout ce temps. Christian, je te le dis, vous avez pris la bonne décision. Vous pouvez rester droits dans vos bottes.

Les deux hommes poursuivent leur discussion en avalant les quelques mètres qui les séparent encore du podium fièrement dressé à mi-Champs-Élysées.

Dans la partie réservée à la famille, la fratrie Alaphilippe est enfin reconstituée autour de Jacques le papa, dit « Jo » pour les intimes. Il rêvait de voir son fiston embraser le Stade de France comme son idole Johnny Hallyday, il devra se contenter des Champs.

Pas facile de faire sa branche dans l'arbre généalogique touffu des Alaphilippe. Une partie de la fratrie est en place. Bryan bien sûr, l'autre cycliste professionnel de la famille de trois ans le cadet du nouveau héros de la nation. Léo, le petit dernier pas encore majeur, c'est un peu pour lui que Julian dépasse ses limites, il aime ce rôle de grand frère, d'exemple, de diapason. Franck, le cousin et entraîneur, est là lui aussi, sans lui, rien de ce qui va se passer maintenant n'aurait pu arriver. Il n'en croit pas ses yeux dans quelques instants, Julian va venir chercher le Saint-Graal des coureurs cyclistes. La coupe omnisports[1], créée en 1974 par les artisans de la Manufacture nationale de Sèvres.

C'est un autre miraculé, François Belay, speaker dans la langue de Molière, qui lance les hostilités. Le Bressan boucle son 17e Tour de France, il a débuté avec l'inoxydable Daniel Mangeas. Le 2 mai dernier, le bienveillant François se réveillait à Lyon après une opération à cœur ouvert. Quatre-vingt-sept jours plus tard et trois coronaires débouchées, François goûte avec délectation à ce petit moment d'éternité.

Que vous soyez puissants ou misérables, le tour, c'est une drogue, une drogue douce certes mais sans retour, sans sevrage. Le mariage du défi et de la déraison, entremis par MM. Desgrange et Goddet.

Belay – Je vous demande d'accueillir M. Emmanuel Macron, président de la République, et le quintuple vainqueur du Tour et jusqu'à aujourd'hui dernier vainqueur français de l'épreuve M. Bernard Hinault.

Il n'en manque plus qu'un sur scène, Julian est là, à cinquante pas du sacre, entouré de son autre famille, celle du Wolf Pack[2], son équipe, la Deceuninck-Quick-Step, et de son chef de meute, « le parrain », Patrick Lefevere. Kasper, Dries, Yves, Enric, Michael,

1. Sorte de coupe à fruits en porcelaine, remise au vainqueur du Tour depuis 1974. C'est Eddy Merckx, pour la dernière de ses cinq victoires sur le Tour, qui sera le premier à la recevoir des mains du nouveau président de la République, Valery Giscard d'Estaing.

2. Surnom autoproclamé de l'équipe belge de Julian. Traduction : « la meute de loups ».

Maximiliano, Elia et les assistants inventent une haie d'honneur pour guider Julian vers sa terre promise. Dressé sur son vélo, en sautillant sur la roue arrière, le gamin de Saint-Amand-Montrond gravit le plan incliné revêtu de jaune qui mène à la gloire.

— Julian, Président !!! Julian, Président !!! Julian, Président !!!

De la place de la Concorde à celle de l'Étoile, ces deux-là portent tellement bien leurs noms aujourd'hui, plus d'un million de voix et autant de cœurs scandent le prénom du nouveau héros de la nation. *Santo subito*[1], Julian Alaphilippe qui me confiait il y a moins de deux ans sa déception de n'avoir jamais gagné de grande course. Depuis, deux flèches wallonnes, une Milan-San Remo, une Strade Bianche, une Clásica San Sebastián, cinq étapes sur les grands tours et une place de numéro 1 mondial sont venues étoffer son palmarès. Il va maintenant saisir le trophée le plus convoité du monde cycliste.

La roue avant de la monture triomphale se repose avec aisance et maîtrise aux pieds du président de la République. Pas de salamalecs, une brève poignée de main laisse place à une longue étreinte entre Macron et Alaphilippe, les photographes mitraillent. Julian se fait tout petit devant Hinault, presque gêné d'être le successeur du plus grand cycliste français de l'histoire. Le minot est figé, paralysé en attente de son adoubement. Le plus ému des deux n'est pas forcément celui que vous croyez. Bernard attrape puis tire tendrement Julian par la nuque jusqu'à pouvoir lui parler au creux de l'oreille. Personne ne saura jamais les mots du quintuple vainqueur à

1. Locution italienne utilisée par les catholiques pour demander la canonisation rapide d'une personne. Traduction : « Faites-le saint tout de suite ! »

son successeur. Julian vient de réaliser, il remporte le Tour de France 2019, trente-quatre ans après la légende Hinault. Inconcevable, inimaginable il y a trois semaines, le rêve est devenu réalité. Des larmes perlent des yeux éreintés du maillot jaune. Des larmes de bonheur, incontrôlables, les larmes de ceux qui ont dépassé les limites de leurs corps. Des larmes enfantées par ce sentiment de plénitude que seuls ceux qui ont franchi leurs Rubicon peuvent boire.

Jacky Durand – Guigui, Guigui ! Réveille-toi. On est en approche, on vient de passer la banderole des cinquante derniers kilomètres. J'ai besoin de la carte bleue pour faire de l'essence. Un dernier plein, comme ça, après on est tranquilles.

Moi – Dans ma petite boîte bleue, comme d'hab. Sous l'accoudoir.

Je n'irai pas jusqu'à vous donner le code, c'est la carte du boulot, je pourrais avoir des problèmes. Nous sommes toujours le 28 juillet, Jacky Durand vient de me tirer d'un profond sommeil. L'horloge de notre voiture-bureau-dressing indique presque 13 heures. Paris est encore à une cinquantaine de kilomètres. Si mes calculs sont bons, j'ai dû dormir pas loin de trois cents bornes depuis que nous avons quitté Mâcon, notre dernière étape de ce tour du centenaire du maillot jaune. Mon rêve était trop beau, ce soir, c'est un prodige de 22 ans, Egan Bernal, qui montera sur le podium des Champs-Élysées, sans Macron ni Hinault, mais en présence de Son Excellence Viviane Morales Hoyos, ambassadrice de Colombie en France.

Trop beau, mais pas complètement fou. Pour la première fois en cent six éditions, une météo apocalyptique oblige les organisateurs à annuler une étape. Gestion de crise dans les voitures rouges d'ASO, espoirs de victoires françaises noyés, coulisses dans l'intimité des *Rois de la pédale*[1] d'Eurosport, indiscrétions et petites histoires qui deviendront grandes.

Revivons ensemble cette folle journée qui a vu le destin de Julian Alaphilippe basculer. Et pourtant…

1. Émission créée en 2012 qui encadre les grands événements du cyclisme sur la chaîne Eurosport.

CHAPITRE I

Mercredi 24 juillet 2019, 22 h 10
Valmeinier (Savoie)

Deux claquements de portière, un bip de sécurité pour verrouiller le carrosse, notre 17e étape de ce Tour de France se termine. Nous avons quitté Gap quelques minutes après la fin d'un nouveau numéro des *Rois de la pédale*. Jacky a pris le volant comme souvent, direction notre ville étape du soir, toujours entre deux heures et deux heures et demie de route pour se rapprocher de l'arrivée du lendemain. Ce soir ce sera Valmeinier, station de ski savoyarde. Nous y sommes, enfin les Alpes, enfin ce terrifiant triptyque final, pendant trois jours, les six derniers prétendants à la victoire au classement général écriront l'épilogue de cette édition sur des routes à plus de 2 500 mètres d'altitude. Mais avant cela il nous faudra répondre à la seule et unique question existentielle de notre fin de journée. Où va-t-on dîner ?

Et croyez-moi, il n'est pas toujours facile de trouver table ouverte après 22 h 30 dans cette douce France de juillet. C'est ma besogne du soir, dénicher un point de chute en concertation avec la voiture numéro 2, celle de David Moncoutié et de Steve Chainel. *Le Marmiton*, bar, restaurant, pizzeria, ouvert et pas de couvre-feux pour la cuisine, ce sera parfait pour notre petite bande de morfales. Comme souvent nous sommes les premiers, chacun ses petites habitudes, Steve et David préfèrent passer à l'hôtel avant de se ravitailler. L'occasion de nous adonner avec Jacky à notre petite routine de ce Tour.

— Deux grandes bières et deux pastis s'il vous plaît !

La bière pour la soif, à consommer tout de suite sans modération, et le pastis pour l'apéro. L'accueil est chaleureux et souriant, une terrasse chauffée, quelques maigres tablées, et nous. Il y a ce soir plus d'excitation que d'habitude, le Tour a jusque-là été palpitant, et nous attendons comme tous les fans de vélo français un heureux événement. Dans trois jours nous saurons.

Notre première rencontre avec M. Durand remonte à 2001. Dudu était encore coureur et moi jeune journaliste, Eurosport m'envoie au circuit de la Sarthe. Cette année-là, un certain Lance Armstrong avait choisi de lancer sa saison européenne à Ecommoy, petite commune de 4 600 habitants réputée pour ses quatre châteaux et son hippodrome. Fièrement emmitouflé dans un blouson couleur crème flanqué du logo d'Eurosport, je débarque au matin de cette étape initiale avec ma première accréditation cycliste au cou. Il faut faire une première interview. Je ne connais personne et ne reconnais pas grand monde. Et là, devant moi, assis sur le cadre de son vélo, armé de son éternel sourire et couvert de son légendaire bandana, Jacky Durand[1].

— Monsieur Durand, excusez-moi de vous déranger. Ce serait possible de faire une interview pour Eurosport ?

— Pas de problème.

Depuis, j'ai partagé plus de temps avec Dudu qu'avec mes propres frères.

1. Coureur cycliste français du siècle dernier. Certains prétendent qu'il serait le dernier vainqueur tricolore du Tour des Flandres et qu'un jour il aurait battu Mario Cipollini au sprint.

Au *Marmiton*, le verre de pastis a déjà remplacé la grande bière et nous avons engagé la causette avec nos hôtes du soir. Toujours les deux mêmes questions depuis Pau : « Julian peut-il garder le maillot jaune ? Pinot est-il plus fort que Bernal ? » La France de juillet aime se retrouver à la table de son Tour. Ils sont précieux, ces moments d'après étape. Le Tour est un catalyseur de convivialité. Sous les champignons chauffant de la terrasse, les rires et les conversations se mêlent dans une brise parfumée de fragrances des Alpes.

Droit devant nous, arrivant du pied des pistes de Valmeinier, David Moncoutié[1] entre en scène. Moncout' est en marche, dès qu'il en a l'occasion, le Lotois se promène, il flâne et hume les plaisirs simples de la vie.

— On t'attendait mon David, une petite bière ?

— Pourquoi petite ?

Il y a cinq ans, David débutait une nouvelle carrière, celle de consultant cyclisme à Eurosport. Double vainqueur d'étape sur le Tour, quatre victoires et autant de maillots à pois sur la Vuelta[2], le coureur est plus connu pour ses coups d'éclat que pour sa volonté de se mettre devant les micros. Dans les années troubles du cyclisme, il régala les spectateurs de quelques numéros de soliste limpides comme l'eau, laissant aux autres l'EPO et les classements généraux des grands tours. Il n'a jamais été dupe du dopage généralisé de la fin des années 1990 qui a continué pendant le règne de Lance Armstrong. Pour tous ceux qui en doutent, David Moncoutié est une

1. Autre coureur cycliste français. Contrairement à Jacky Durand, le Lotois a accompli l'essentiel de ses exploits au XXIe siècle, un contemporain donc.

2. Pour ma maman et dans un souci de vulgarisation, la Vuelta est l'équivalent du Tour de France mais se déroule en Espagne.

preuve qu'il est possible de gagner en respectant la règle et son corps, une source d'inspiration pour beaucoup de coureurs de la nouvelle génération. Moncout' est un grimpeur pure race, un surdoué des cimes. Auteur d'une carrière exemplaire, il sait qu'aucun artifice n'aurait gommé ses lacunes ; les chronos, les bordures, savoir frotter et la descente, rédhibitoires pour jouer les premiers rôles d'un général[1]. C'est aussi pour ces raisons qu'il passait l'essentiel de son temps à l'arrière du peloton, au fond de la classe. De cet emplacement privilégié, il observait chaque respiration de ses adversaires développant un sens aiguisé du moment propice.

Jacky m'avait presque dissuadé de lui passer un coup de téléphone pour prendre la température de ses envies. « Ça ne l'intéressera pas David, les médias, la télé, ce n'est pas son truc. » Et comme souvent, il avait raison le Dudu.

— Allô, David Moncoutié ?

— Oui.

— C'est Guillaume di Grazia, d'Eurosport, je vous téléphone pour savoir si vous seriez intéressé de commenter le prochain Tour d'Espagne pour nous ?

— Non, je ne crois pas.

— Pourquoi ?

— Ce n'est pas mon truc, je n'ai rien d'intéressant à raconter.

— Excusez-moi, mais je ne suis pas d'accord avec vous ! Nous n'avons jamais eu l'occasion de nous croiser mais croyez-moi, vous ne risquez rien. Il y aura Jacky Durand avec nous, il vous suffira de prendre sa roue. Je vous propose un

1. David Moncoutié, *Ma liberté de rouler*, Éditions Cristel, 2014.

deal. Vous venez cinq jours comme invité et si ça vous plaît, on continue.

— Pourquoi pas ?

Le test grandeur nature a duré une vingtaine de minutes avant que nous ayons tous la certitude que David Moncoutié avait beaucoup de choses à dire. Assis entre Jacky et moi, sa première prise de parole fut singulière. Il était lui tout simplement. Un bref échange de regard complice derrière son épaule ponctué par un pouce approbateur, le bail était signé. Un bail sans cesse renouvelé depuis.

— Et si on passait à table, ça fera venir Steve. En plus j'ai faim et la cuisine n'attendra pas jusqu'à demain, lance Dudu.

Aussitôt dit, aussitôt assis. Le voilà le Steve[1], avec sa bouille d'oisillon tombé du nid, il se joint au trio après avoir pris soin de saluer l'ensemble du staff du *Marmiton*. La commande est lancée avec un cola zéro en guise d'apéritif pour notre champion de cyclo-cross.

Tous les matins, dans la présentation de l'étape du jour, nos consultants se frottent aux téléspectateurs d'Eurosport dans un concours de pronostics au règlement comparable pour sa simplicité à celui d'une police d'assurance. Un petit jeu qui anime nos ripailles du soir. Mais ce soir n'est pas un soir comme les autres, dans trois jours les Alpes accoucheront du vainqueur du Tour 2019.

1. Steve Chainel, cycliste tricolore. Contrairement aux deux autres lascars, le Vosgien est encore en activité. Après avoir écumé pratiquement toutes les équipes françaises sur route, il prolonge sa carrière dans les sous-bois. Champion de France de cyclo-cross en 2018.

Je propose de changer un peu le règlement. Une question une seule : qui sera en jaune dimanche, sans concertation ou palabre préalable ? Il suffit de déchirer le coin de son set de table en papier et d'écrire sans copier sur son voisin le nom du futur heureux événement, puis de retourner le bout de « nappe » pour qu'aucun d'entre nous ne puisse lire la prose des voisins. Nous dévoilerons notre vote simultanément.

Le scrutin est sans appel, il n'y aura ni ballottage ni second tour. Egan Bernal l'emporte par trois voix contre une. Il faut maintenant justifier son vote.

Steve vote Bernal, écartant son ami Pinot du jeu à contrecœur. Entre les deux hommes, les années ont tissé une vraie amitié. Au CC Étupes[1] tout d'abord, le grand club formateur de la région est, et bien au-delà. Steve frappe à la porte du monde professionnel quand il remarque ce cadet surdoué et déjà très observé. « Celui-là, c'est un garenne », dans le langage fleuri du cyclisme que notre Vosgien parle comme sa langue maternelle, comprenez que le garçon n'est pas comme les autres. À la FDJ ensuite, où ils partageront le même maillot professionnel. Avec Nacer Bouhanni et Arthur Vichot, ils forment la « Mafia[2] » du Grand Est ; ensemble ils partagent les entraînements d'avant saison, les déconnades et les chambrages qui rythment leurs longues sorties et forgent une complicité. Depuis, Steve et Thibaut se retrouvent souvent pour partager une sortie sur leur parcours de prédilection entre la Planche des Belles Filles

1. CC Étupes est un club de vélo du Doubs fondé en 1974 qui a formé les deux hommes et beaucoup d'autres : Barguil, Mollard, Adam Yates, Elissonde, Guillaume Martin, Vuillermoz, etc.

2. Être dans une Mafia. Dans l'argot du vélo, les Mafias définissaient des équipes non identifiées au sein du peloton. Ces groupes fantômes étaient constitués de coureurs d'équipes différentes liés par un intérêt commun. Mais c'était avant le cyclisme ultra-professionnalisé.

et la sublime route des mille étangs à la frontière entre les Vosges et la Haute-Saône. Un pari reste un pari, et l'amitié ne doit pas entraver l'analyse fine de notre consultant. Depuis presque une décade, à la fin du Tour, ce sont toujours les Anglais de la Sky qui gagnent et ce n'est pas un changement de nom qui changera la recette. Pour Steve, la Team Inéos a pour elle la force de l'habitude et un collectif à faire passer le Real Madrid pour une équipe de district. « Je suis franchouillard mais ils contrôlent, ils savent faire, ils vont décider et les autres vont subir. Et puis je ne veux pas y croire, je refuse de m'enflammer. »

Notre pronostiqueur méticuleux David Moncoutié vote également pour le jeune Colombien. Pour notre alpiniste sur deux roues, l'altitude arbitrera les deux hommes. Or à plus de deux mille cinq cents mètres, l'aigle de Zipaquira[1] qui vit à cette hauteur et s'entraîne à plus de trois mille mètres va pouvoir déployer ses ailes, il sera sur son terrain. « Et puis si on pariait de l'argent on jouerait Bernal », pragmatique le Moncout'.

Sur mon petit bout de nappe en papier je vote pour Bernal. Ineos est programmé pour les Alpes et l'ivresse des sommets devrait être favorable au jeune colombien. Et puis il y a eu cette sacrée bordure sur la route d'Albi. J'avais 11 ans lors de la dernière victoire du blaireau, j'ai fini par admettre de guerre lasse que nous autres petits Français, nous sommes plus des « Poulidor » que des « Anquetil ».

Seul et contre tous, ce ne sera pas la première fois pour Jacky Durand qui vote Pinot. Dès que la route s'élève depuis

1. Village d'origine de la famille Bernal perchée à 2 650 mètres.

le début de ce Tour, Thibaut montre qu'il est sans rival. Au Tourmalet tout d'abord, où le Franc-Comtois cueille une victoire de prestige au nez et à la potence des grands favoris dès cette 106e édition. Derrière Julian Alaphilippe neutralise le petit groupe des cadors avant de s'octroyer la deuxième place et les bonifications qui vont avec. C'est le lendemain sur les pentes du Prat d'Albis que notre Dudu a forgé sa conviction. Ce jour-là, le leader de la Groupama-FDJ se transforme en blanchisseuse, il nettoie, détache, les ténors un par un avant de les repasser. Seul rescapé de ce grand nettoyage, Egan Bernal, le Colombien s'accroche dans la roue du grimpeur de Mélisey. Le *mano a mano* peut commencer, le Colombien encaisse les trois premières accélérations de son adversaire. Il vacille mais ne se couche pas. Au quatrième changement de rythme, c'est un crochet au menton qui touche le jeune conquistador. Un dernier regard vers le Français, Bernal baisse la tête, il capitule. Pas de victoire d'étape ce jour-là pour Pinot, Simon Yates avait anticipé la première grande bataille entre ceux qui prétendent gagner le classement général de la grande boucle. Le Britannique empoche la 15e étape, mais c'est la passe d'armes entre Bernal et Pinot qui retient l'œil privilégié de notre consultant. La vérité du premier massif bégaye souvent dans le second grand rendez-vous en montagne. Pour notre consultant, Thibaut est le meilleur grimpeur de ce tour, le meilleur tout simplement.

— Il fait plaisir ce Alaphilippe, il a du panache ! Il va ramener son maillot jaune à Paris.

À la table voisine, un convive du *Marmiton* s'invite dans la discussion. Pas un vote pour Alaphilippe dans notre petit scrutin improvisé sur ce coin de table. Demain matin il enfilera le maillot jaune pour la treizième fois sur cette édition 2019 dont il restera quoi qu'il arrive le métronome.

C'est vrai qu'il fait plaisir, Julian, depuis le grand départ de Bruxelles. Contrairement à 2018, le puncheur de la Deceuninck est arrivé fin prêt au départ de ce Tour de France. En presque trois semaines, sa spontanéité sur et en dehors du vélo a rallié à lui le grand public de juillet.

Premier coup d'éclat à Epernay, dans une étape au tracé coupé sur mesure pour lui. Julian sabre le champagne une première fois, victoire et maillot jaune à la clef. Un maillot jaune abandonné trois jours plus tard dans la poussiéreuse super Planche des Belles Filles. Et pour finir le chef-d'œuvre de Pau, oui le chef-d'œuvre d'un compagnon du devoir. Tout de jaune vêtu, le jour du centième anniversaire du plus convoité des maillots, Julian dompte le seul chrono de cette grande boucle. Une première victoire sur un chrono individuel pour un Français sur le Tour depuis l'élégant Jean-François Bernard en 1987 sur les pentes du Ventoux. Il faut remonter trente-cinq ans dans le rétroviseur de nos souvenirs pour voir un Français leader s'imposer dans cet exercice si singulier, le très regretté Laurent Fignon.

Ce 19 juillet, j'ai vu Julian voler, oui, il volait dans l'ultime coup de chance de ces 27 km 200. Sept secondes arrachées par le meilleur puncheur du peloton dans la seule rue Mulot, bien connue des palois pour la rudesse de ses pourcentages surtout si on revient de faire ses courses.

Entre ces deux victoires, il y a eu Macon-Saint-Étienne et la reconquête de son maillot jaune. Alors que devant, Thomas De Gendt, Monsieur Échappée, est en train de mettre un point final solitaire à la plus folle victoire de sa carrière. Le Belge est un maître des exploits surréalistes, un Magritte de la petite reine. Dans le peloton qui joue battu, les Frères Pétard décident de mettre le feu aux 12 derniers kilomètres. Dans le dernier raidard de la journée, la cote de la Jaillère, 1 km 900 à 7,6 % de moyenne, une attaque téléphonée, comme l'on dit. Tout le peloton sait qu'Alaphilippe va tenter un truc pour reprendre le maillot jaune et Thibaut Pinot plus que quiconque.

Les deux hommes ont soudé leur complicité sportive un après-midi d'automne dans les alentours d'Innsbruck. Julian est le leader unique de l'équipe de France sur ce championnat du monde. Dans la spectaculaire et décisive ascension de Höttinger Höll, Pinot et Bardet se mettent à la planche pour l'emmener vers une victoire promise. Les deux hommes habituellement capos dans leurs formations se transforment en gregaris pour Alaphilippe et par respect des consignes du sélectionneur national Cyril Guimard. Malheureusement pour l'équipe de France, à la fin de l'envoi Julian se couche, incapable de suivre le rythme. Il doit laisser partir Valverde et Romain qui se disputeront le titre mondial quelques minutes plus tard. Même s'il n'a rien à se reprocher, Julian sait qu'il est en dette envers Thibaut qui avait lui aussi les jambes pour être champion du monde. C'est la loi du vélo, ancestrale et immuable. Le moment de régler sa dette, de rendre la pareille.

L'attaque dans la Jaillère est téléphonée au sens propre. Un dernier coup d'œil derrière pour s'assurer de la présence du leader de la Groupama-FDJ et les voilà partis dans un grand numéro. Le peloton est aux abonnés absents, si loin de Paris personne ne veut ni ne peut prendre la responsabilité de mener la chasse au duo Bleu-Blanc-Rouge. Dans la descente vers Saint-Étienne, Alaphilippe meilleur dans cet exercice prend soin de garder Pinot au contact. Sur la ligne d'arrivée, il s'efface pour offrir deux secondes de bonifications supplémentaires au Comtois. Deuxième et troisième de l'étape, ils se retrouvent respectivement troisième et leader du classement général au soir de ce 13 juillet.

Oui, Julian a fait plaisir, s'est fait plaisir aussi depuis le départ de Bruxelles. Il dicte le tempo, décide quand et où distribuer les bons points. Demain ce sera la haute, puis la très haute montagne qui se dressera devant lui et les rescapés du dernier week-end. Dans le passé, jamais le Montluçonnais n'a pu rivaliser à armes égales avec les purs grimpeurs lorsqu'il devait défendre un palto de leader. Dans la seule ascension du col de la Couillole à Paris-Nice en 2017, il perd plus de deux minutes face au Porte et autre Contador. Son jour viendra peut-être mais pas cette année. C'est l'avis unanime de notre petit comité des sages qui tient toujours cession au *Marmiton* de Valmeinier.

23 h 58, Gap (Hautes-Alpes) – *Best Western Hotel*

Dans la chambre de Dries Devenyns et de Julian Alaphilippe, la lumière est réduite à sa plus simple expression. « Les journées étaient tellement remplies que finalement les soirées passaient très vite. Ce que j'appréciais vraiment, c'était de prendre du calme, c'était ça mon bonheur. » À force de partager leur intimité depuis le début de la saison, les deux hommes ont bâti des rituels. Tous les soirs, après l'extinction des téléphones portables, quarante-cinq minutes avant de dormir, les deux coursiers se livrent à une battle musicale. À tour de rôle, ils prennent les commandes de la playlist. La musique, c'est le jardin secret du leader de la Deceuninck. Depuis tout petit, il tape en rythme sur tout ce qu'il trouve pour imiter son batteur de papa. C'est à l'oreille que le môme apprend à reproduire les notes. Les musiciens appellent ça « l'oreille absolue ». Son père voulait le voir rentrer au conservatoire, seul petit problème : le solfège. Pour Julian, « le solfège, c'est pire que l'école », alors, pour éviter les servitudes, il choisit le vélo. Chacun sa façon d'exprimer sa liberté.

Allongé sur son lit, l'esprit bercé par la musique, Julian Alaphilippe fixe le plafond. Demain son tour prendra une autre altitude. Pendant presque trois semaines, Julian a jonglé avec ses adversaires. Dans quelques heures le chasseur sera le chassé par une meute revancharde et affamée de victoire. Hasard de la logistique du Tour de France, la Deceuninck partage ce soir son logis avec la Team Ineos de Geraint Thomas et d'Egan Bernal et la Lotto Jumbo de Steven Kruijswijk. L'équipe britannique doit passer à l'offensive dès demain, armée du vainqueur sortant et de la pépite colombienne, elle ne peut plus attendre. Alaphilippe a semé le doute chez ses adversaires, dimanche à Paris, il sera trop tard. Il faut tester le Français à plus de 2 500 mètres, lui faire mal, le faire capituler. La tactique est claire, Bernal partira en éclaireur dans le Galibier « pour faire bouger les choses », *dixit* David Brailsford, le manager britannique. Julian le sait : « Ils vont me faire la misère. » Avant cet indécis rendez-vous alpestre, Alaphilippe devance Thomas d'une minute et trente-cinq secondes, Kruijswijk est troisième à une minute quarante-sept, suivent Pinot à une minute cinquante secondes et Bernal à deux minutes et deux secondes. La marge est ténue mais un maillot jaune, ça se défend jusqu'au bout de ses forces : « Tu dois te rendre les armes à la main, c'est une lutte contre moi-même qui va commencer. » Dans l'esprit de Julian sa tactique est simple, limpide. S'accrocher toujours et encore jusqu'à l'épuisement, les crampes, il aura le cœur à deux mille, les poumons qui brûlent et le goût du sang dans la bouche.

Comme l'écrivait Victor Hugo : « Ceux qui vivent, ce sont ceux qui luttent ; ce sont ceux dont un dessein ferme emplit l'âme et le front, ceux qui d'un haut destin gravissent l'âpre cime, épris d'un but sublime[1]. » Parabole de la vie d'un cycliste professionnel, jamais aussi vivant que dans la douleur à la poursuite de ses rêves.

— Messieurs, je vous offre la tournée du patron ?

— En voilà une bonne idée, pour Steve ce sera un café !

Nous avons du mal à quitter *Le Marmiton*, et encore plus de mal à refuser un cadeau offert de bon cœur. Après, au lit ! C'est promis. Même si nous aimerions prolonger cette veillée d'armes jusqu'à l'aube. Certains de vivre un moment d'exception mais loin d'imaginer encore ce qu'allaient nous offrir ces trois dernières étapes avant les Champs-Élysées.

— À Julian et Thibaut !

Nos verres de génépi s'entrechoquent dans une belle harmonie seulement perturbée par la tasse à café dissonante du gavroche de Saint-Étienne-lès-Remiremont.

1. Citation empruntée à Marc Fayet lors de son discours à la cérémonie des Molières après sa récompense pour la meilleure comédie de l'année 2015 *Des gens intelligents*. Petit clin d'œil à ce dingue de vélo qui me fait l'honneur et l'amitié de préfacer ce récit.

CHAPITRE II

Classement général : 1 – Alaphilippe (Fra), 2 – Thomas à 1' 35" (GB), 3 – Kruijswijk à 1'47" (PB), 4 – Pinot à 1'50" (Fra), 5 – Bernal à 2'2" (Col), 6 – Buchmann à 2'14" (All), 7 – Landa à 4'54" (Esp), 8 – Valverde à 5' (Esp), 9 – Uran à 5'33" (Col), 10 – Porte à 6'30" (Aus).

Jeudi 25 juillet 2019, 8 h 40
Valmeinier (Savoie)

Un chocolat chaud pour le goût de l'enfance, des toasts bien beurrés pour la même raison et deux grands verres de jus d'orange pour les vitamines, c'est la première fois depuis le début de ce Tour de France que je prends le temps de « petit-déjeuner ». Sur la terrasse de l'hôtel *Les Carettes*, les yeux plantés dans un ciel bleu immaculé avec la montagne pour témoin. D'habitude je consacre ce moment privilégié à dormir le plus longtemps possible sur les conseils de mon grand frère d'adoption Jacky Durand. Pour être performant sur trois semaines, la récupération fait de grosses différences. Dudu a cette capacité rare de pouvoir s'endormir sur commande même enroulé autour d'un clou, une réminiscence de ses années professionnelles. Dans un grand tour (Tour, Giro, Vuelta), il y a vingt et une étapes et entre chacune d'entre elles, de longs transferts dans l'intimité relative des bus des équipes. L'équation est aussi enfantine qu'un problème de mathématique de cours élémentaire.

Sachant qu'Erwan et Antoine dorment entre une heure et une heure trente par jour lors des différents transferts, et en considérant que vingt et une étapes composent ce Tour de France, combien d'heures de sommeil auront accumulées nos deux cyclistes sur trois semaines ? Entre vingt et une et trente heures de dodo régénérant supplémentaire par personne. Soit trois à quatre nuits de récupération bonus pour ceux qui savent se métamorphoser en koala, champion toutes catégories des dormeurs dans le règne animal.

— Guigui, qu'est-ce que tu fais là ? T'es tombé du lit ce matin ?

— Non, Jacky, juste envie de profiter de chaque moment de cette journée.

Jacky vient pour son deuxième service, il a déjà goûté le café, le saucisson, le fromage, puis re-café, tartines, re-saucissons, re-fromage, jus d'orange et un dernier café pour faire passer tout cela. Ensuite le premier maillot jaune du Tour 1995 a pris le temps de remonter dans sa chambre, de plier son balluchon, il revient à présent pour un dernier expresso avant d'aller charger la voiture.

De Valmeinier à Valloire, terme de cette 18e étape du Tour de France, à peine quinze minutes de trajet, nous comptons large pour ne pas nous mettre dans le rouge et anticiper quelques improbables mais souvent savoureuses rencontres sur le tracé. Steve et David sont partis en éclaireurs à deux roues, le champion de France 2018 prépare sa saison de cyclo-cross et l'ancien quadruple meilleur grimpeur de la Vuelta redécouvre à 44 ans que la nature a été très généreuse avec lui dès que la route emprunte des chemins escarpés. Pour nous, départ dans dix minutes, rendez-vous sur le plateau amiral des *Rois de la pédale* d'Eurosport, installé aujourd'hui à Saint-Michel-de-Maurienne à plusieurs kilomètres de Valloire, ligne d'arrivée de l'étape du jour.

Ce matin sur la terrasse de l'hôtel qui donne sur la piscine transformée en terrain de pétanque flotte un parfum particulier et familier, un air de juillet 1998. Grâce à Julian et Thibaut, pour la première fois depuis 1989, et ces foutues huit secondes entre LeMond et Fignon[1], les juilletistes espèrent une victoire finale française. Cette 18e étape, c'est un peu le quart de finale France-Italie de la Coupe du monde 1998. Trois étapes détermineront le vainqueur, sans prolongations ni tirs au but mais avec de possibles « morts subites ». Dans trois jours nous serons à Paris, nous allons enfin savoir si c'est possible.

9 h 11, Embrun (Hautes-Alpes)
Zone d'activités Entraigues

Déjà presque 27 degrés au bord de la Durance, les pittoresques et spectaculaires véhicules de la caravane du Tour embrayent pour avaler les 208 kilomètres du jour. Pendant presque dix bornes, la route longe le lac de Serre-Ponçon sur sa droite, à Pontis elle prendra de la hauteur avec la côte des Demoiselles Coiffées, un simple échauffement avant de franchir les cols de Vars, de l'Izoard et sa lunaire Casse déserte, et du Galibier, sommet le plus visité dans l'histoire de la grande boucle. Ensuite il faudra plonger sur Valloire, arrivée de la 18e étape. Sauf cas exceptionnel, la caravane s'élance toujours deux heures avant les coureurs, c'est la règle, le protocole immuable d'une mécanique bien rodée. À l'ombre du podium protocolaire qui attend les

1. Écarts au classement général en faveur de l'Américain après la dernière étape disputée en contre-la-montre individuel avec une arrivée sur les Champs-Élysées. Le matin, Laurent Fignon portait encore le maillot jaune et moi, je suis allé à la plage pensant que c'était réglé.

premiers coureurs pour la traditionnelle signature, Pierre-Yves Thouault se régale du spectacle, de cette communion païenne entre la caravane et les milliers de spectateurs venus voir les coureurs.

Breton de naissance, le numéro 2 du Tour entre en religion en accompagnant son père sur les courses dès sa prime enfance. Un peu plus tard, le natif de Montauban de Bretagne use ses cuissards avec ses petits voisins, Stéphane Heulot, maillot jaune pendant trois jours en 1996, et Frédérique Guesdon, vainqueur de Paris-Roubaix un an plus tard, aujourd'hui directeur sportif de la Groupama-FDJ. « J'étais un coureur amateur, un fou de vélo, je me suis aperçu très rapidement que pour être coureurs pro il fallait d'autres dispositions physiques et la tronche. » Honnête coureur en junior et cadet, Pierre-Yves s'accommode parfois de l'absence de certains favoris pour goûter à la victoire. Très vite, il doit se faire une raison, le monde pro, ce ne sera pas pour lui. « J'ai commencé avec Guesdon et Heulot, des coureurs nés en 1971 comme moi. On a couru en cadets et juniors ensemble. Eux se sont envolés, pas moi. »

Un Bafa et un baccalauréat en poche, le Montalbanais se cherche, il cherche surtout comment conjuguer au présent sa passion cycliste. En attendant il encadre des groupes de jeunes pendant les vacances pour se faire un peu d'argent. Un soir en Suisse alors qu'il boit « des canons » avec ses confrères moniteurs, sa vie va changer.

— Et Pierre-Yves, tu fais quoi dans la vraie vie ?

— Je suis en fac d'éco.

— Et ça te plaît ?

— Oui, mais mon rêve ce serait de travailler dans le monde du sport.

— Tu sais qu'ils vont sortir des maîtrises en gestion du sport et des événements sportifs. Moi, si je serais à ta place, je me lancerai là-dedans.

Après sa licence, Pierre-Yves traverse la Manche et s'installe dans le sud-ouest de l'Angleterre, à Bath. Pendant huit mois, le Breton est serveur dans un restaurant, le *Café Rouge*. Cet exil volontaire a deux objectifs ; parler anglais et, comme beaucoup de jeunes hommes de sa génération, vérifier la fantasmatique réputation des petites Anglaises.

Fin 1996, sa formation achevée, il revient en Bretagne les bagages chargés de nouvelles expériences. Reste maintenant à trouver où les poser. Pierre-Yves prend sa plus belle plume et envoie sa candidature à la Société du Tour de France[1]. Et comme il vaut mieux s'adresser à Dieu qu'à ses saints, il sollicite directement Jean-Marie Leblanc (patron du Tour de 1999 à 2006) : « Je ne connaissais que lui. » Tous les mois, avec la pugnacité qui forge un caractère breton, il recommence sa page d'écriture. Sans réponse.

En attendant, il travaille chez « Intersport » à côté de la maison familiale, du matin au soir, il répare, règle, nettoie et bichonne les montures des clients.

Finalement, Pierre-Yves est convoqué à Paris pour un entretien. Arrivés dans les locaux du Tour de France, Thouault et neuf autres candidats sont sur la ligne de départ qui mène au bureau de M. Leblanc. « J'avais rendez-vous à 15 heures, et à 15 heures sur l'horloge murale, la porte s'ouvre. »

— Monsieur Thouault, entrez s'il vous plaît.

1. Ancêtre d'ASO.

Vingt minutes pour changer un destin. Le Breton entre dans le bureau de Leblanc qui est accompagné d'Agnès Piret, directrice administrative de la Société du Tour de France.

— Vous avez fait des missions caritatives ?
— Oui, monsieur Leblanc, au Pérou.
— Très bien, vous avez roulé également.
— Oui, en Bretagne sous les ordres d'Ange Roussel[1].
— Vous connaissez Ange, très bien.
— Et l'anglais, vous parlez anglais ?

Effacée dans la roue de Leblanc, Agnès Piret prend le relais. La numéro 3 de la Société du Tour parle six langues. Elle mitraille le candidat de questions dans la langue de Simpson[2]. À la fin de cette partie de badminton, Pierre-Yves réalise l'importance de ces heures de salle passées au *Café Rouge* de Bath.

— Merci, on vous contactera.

Les jours se languissent dans l'atelier de l'Intersport. Pierre-Yves ronge son frein et encaisse les brimades de son petit chef. À la fin du mois de mars, son paternel passe la porte du magasin de sport. « Je me dis : y a un problème à la maison. Mon père qui fait intrusion sur mon lieu de travail, ce n'est pas possible. »

— Je peux te parler, c'est important.

1. Ange Roussel, ancien coureur puis entraîneur et pédagogue. Il a formé des générations entières de coureurs bretons. Comme le Chouchen, le Kig ha farz et le Tro Bro Léon, le nom d'Ange Roussel est une référence du milieu cycliste à la pointe ouest de notre pays.

2. Tom Simpson, coureur britannique décédé en 1967 sur les pentes du Ventoux.

— Oui, papa.
— Pierre-Yves, il faut que tu rappelles la Société du Tour. Il y a M. Leblanc qui veut te parler.

À deux rues de la boutique, il y a une cabine téléphonique, nous sommes en 1996, un autre siècle. Pierre-Yves sprinte vers son destin, enfin il touche son rêve.

— Bonjour monsieur Leblanc, c'est Pierre-Yves Thouault…
— Ha ! Thouault. Bienvenu au Tour de France.

Le conscrit des Guesdon et Heulot n'avait pas pu passer professionnel mais il allait faire le Tour. En état de grâce, il retourne terminer sa besogne du jour plus méticuleux que jamais.

— Chef, les vélos ça va ? Ils sont propres ?
— Oui, c'est bien gamin tu vas continuer.
— Oui, je vais continuer mais pas longtemps.

Pierre-Yves intègre le service des hébergements de la Société du Tour de France. « Formidable, je n'avais rien à faire, je sortais tous les soirs. » Le Tour pour ceux qui ont la chance de le suivre est un *roadtrip* unique qui traverse un pays aux paysages et aux richesses gastronomiques solides et liquides infinis. À la fin des années 1990, organisateurs, volontaires, journalistes, assistants, managers et directeurs sportifs se croisent en fonction des réservations d'hôtel. Pierre-Yves a le goût des autres, il en profite pour se faire un solide répertoire téléphonique. « Je connaissais tout le monde, tous les journalistes. Enfin ceux qui sortaient. » Thouault travaillera à tous les étages de la grande maison dirigée à l'époque par Jean-Marie Leblanc. Aujourd'hui, il est le discret bras droit de Christian Prudhomme, patron du Tour et héritier de Jean-Marie Leblanc. Pendant les trois semaines de juillet, Pierre-Yves occupe la voiture rouge ASO de tête. Il ouvre la route du Tour en amont de la course. Au volant, David Lefèvre, ancien pro dans les équipes Casino, Cofidis, ou Jean Delatour, vainqueur de l'Étoile de Besseges en 1999 et frère aîné de Laurent, autre ancien professionnel. Le duo est tous les jours accompagné d'invités de l'organisation. Thouault, c'est le hussard de la république du Tour de France, le premier au front comme l'année dernière entre Carcassonne et Bagnères-de-Luchon. Des agriculteurs en colère bloquent la route de la 16e étape pour bénéficier de l'amplificateur médiatique proposé par la grande ronde estivale.

Plus d'un an en amont, dès la préparation de chaque nouveau parcours et parfois jusqu'à quelques minutes du départ de l'étape, les organisateurs prennent toutes les dispositions possibles pour éviter ce genre de blocage. Le Tour doit continuer, rien ni personne ne peut arrêter la course. C'est la mission de Thouault ; la règle de continuité, article II de la Constitution du Tour. Depuis sa genèse, les petits et les grands soubresauts sociaux de notre pays débordent toujours sur la route des géants, mais le Tour doit continuer.

Depuis le départ de cette 106e édition, la voiture ouvreuse avale les kilomètres à la vitesse de la course sans avoir à jouer des coudes ou du parechoc. Touhault, Lefèvre et leurs invités du jour entrent déjà dans Savines-le-Lac, au kilomètre six de cette 18e étape. Avec sa faconde, Pierre-Yves termine d'expliquer le rôle fondamental qui incombe au véhicule de tête sous les regards de ses hôtes captivés par les coulisses de ce grand barnum. Et croyez-moi, dès qu'il s'agit de vanter le métier qui le faisait rêver adolescent, l'ancien vendeur de biclous en connaît un rayon.

Chapitre II

11 h 47, Saint-Michel-de-Maurienne (Savoie)
Studio Eurosport

Journée particulière pour les équipes d'Eurosport. Aujourd'hui notre camion-studio stationne sur le parking d'une zone commerciale, au pied du Galibier à une vingtaine de kilomètres de Valloire, arrivée de l'étape. Dans le jargon de notre chef de production, David Vigouroux, « c'est une étape déportée ». Depuis plusieurs éditions, les organisateurs essayent de trouver de nouvelles arrivées, se réinventer pour surprendre et proposer de nouveaux terrains de jeux aux coureurs. Dans le cahier des charges que doivent remplir les villes candidates à une arrivée du Tour, le manque d'espace au sol nécessaire à l'installation de la zone technique peut être rédhibitoire. Il en va de même pour les arrivées aux sommets où il est impossible de déplacer les montagnes pour gagner quelques mètres carrés. La solution développée depuis plusieurs saisons est de déporter la zone technique réservée aux médias du lieu de l'arrivée. Seules les équipes d'interview sont autorisées sur la ligne. Les studios, cabines de commentateurs et autres véhicules nécessaires au dispositif de transmission sont déportés.

J'ai toujours un sentiment étrange lorsque je débarque sur ces zones excentrées. L'impression que vous vous êtes trompé d'endroit. Plus de spectateurs, plus de caravanes, plus de bruit, seul un fléchage spécifique réservé aux suiveurs vous rappelle que vous êtes bien là où vous devez être. Lorsque le direct débute, vous oubliez l'environnement. Techniquement, pendant le commentaire, il n'y a pas de différence, un écran qui diffuse les images de la course, un casque sur les oreilles et nous voilà partis pour 208 kilomètres.

Dans le peloton, tout le monde est à la planche, les dents rayent le guidon. Les kilomètres défilent mais la bonne échappée ne part pas. Les candidats au rattrapage sont nombreux en cette fin de matinée. Pour tous ceux qui avaient rêvé d'un Tour de France plus glorieux, être dans le bon coup du jour est un devoir, une profession. Les lieutenants des favoris pour le classement général observent, scrutent les dossards de ceux qui tentent de se faire la belle. Ils laissent aux gregaris d'Alaphilippe le choix de valider ou non les bons de sortie.

À ce rythme-là, Jacky Durand ne pourra pas prendre sa musette. Le petit déjeuner sur la bucolique terrasse de l'hôtel *Les Clarettes* est déjà trop loin. Notre leader a faim, pas plus que David et Steve mais ce n'est que quand Jacky décloche son plateau-repas que sonne l'heure du ravito, privilège du leader. Pour le moment Jacky attend la composition d'un très espéré groupe de fuyards. Quarante kilomètres que ça ferraille à l'avant quand, enfin, le peloton se relève, laissant à sa quête de victoires une petite quarantaine de coureurs en direction du col de Vars, deuxième grand prix de la montagne du jour.

Jacky ajuste son micro-casque, glisse sa main sous son pupitre pour couper ses retours sons et augmenter le seul programme essentiel à ce moment précis de la course, Radio Tour.

— Voici la composition du groupe de tête : pour l'équipe AG2R La Mondiale, le 31, le 31, Romain Bardet, pour la Movistar, le 61, le 61, Nairo Quintana.

Équipe par équipe, en répétant toujours le dossard à deux reprises, coureur après coureur, en français puis en anglais,

Sébastien Piquet tire le grand loto du jour. Radio Tour est LA radio officielle du Tour de France pour Jacky et pour beaucoup d'autres. Des commentateurs du live aux directeurs sportifs dans les voitures en course, en passant par les manageurs et officiels, elle est la source d'information la plus en prise avec la course à l'instant T.

Radio éphémère et ambulante, elle émet depuis l'arrière de la bulle[1], c'est aussi la dernière des quatre voitures de l'organisation de course. Assis à côté du conducteur, Sébastien Piquet. Avec Seb, nous nous sommes rencontrés sur les bancs d'Eurosport, il y a vingt ans, nous rêvions déjà de Tour de France. Et puis un jour, comme on va acheter des clopes, Seb pose sa démission. Une envie d'ailleurs, avant le Tour de France, il s'attaque au tour du monde ; 40 075 km plus tard, Piquet est contacté par ASO pour commenter des résumés de course dans la langue de Cavendish. Le petit Sébastien a suivi ses parents et le rythme de leurs carrières professionnelles. De ses premiers pas aux premiers émois de l'adolescent, il grandit à Londres, « fluent » le Seb. Le globe-trotteur a mis un pied dans le Tour. Trois ans après, Piquet posera pour la première fois sa voix sur les ondes de la radio la plus écoutée des suiveurs dans et en dehors de la bulle. Pour l'aider à collecter les informations sur la course, il se connecte à quatre sources indispensables. Le tout *via* un casque audio et un petit boîtier, dont je vous éviterai la notice technique car ce qui va suivre demande déjà une attention soutenue.

Tout d'abord, le canal de direction de course, réservé aux échanges entre les patrons du sportif : Christian Prudhomme

1. La bulle : Animal informe, dans le langage des hommes d'ASO, elle désigne la course. Du premier coureur à la voiture-balai, la bulle se contracte et se dilate sans cesse à plus de 40 km/h de moyenne sur les plus de 3 000 bornes offertes par le parcours du Tour de France.

(directeur du Tour de France), François Lemarchand (responsable sportif du Tour de France) et Thierry Gouvenou (directeur technique du Tour de France) assis à l'arrière dans la voiture de Radio Tour.

Le canal intercommissaire permet, lui, la communication entre les commissaires en course chargés de faire respecter le règlement. Des arbitres, il y en a quatorze en course et à l'arrivée. Ceux qui suivent les coureurs sont répartis dans différents véhicules dont six motos. Le président du jury partage l'arrière de la voiture Radio Tour avec Thierry Gouvenou. Cette année, ce privilège revient à l'Italien Gianluca Crocetti.

Le canal info est utilisé par les trois « motos-infos ». Elles cohabitent avec les coureurs à l'intérieur de la bulle et peuvent, si besoin, dépasser ou s'arrêter à un endroit déterminant.

Dernière source, le hussard de la République, Pierre-Yves Thouault, qui ouvre la route. Le Breton informe en direct les trois voitures de la direction de course sur d'éventuels risques, dangers ou changements météorologiques.

— Dernier écart entre les trente-cinq hommes de tête et le peloton une minute trente secondes, une minute trente secondes.

Silence sur les ondes de Radio Tour, c'est la fin du programme pour le moment. D'un geste définitif, Jacky surligne le nom du dernier échappé sur la liste des engagés qui déborde de son pupitre. Il va ensuite reboucher son stylo, puis il regardera dans ma direction avant d'acquiescer de la tête. Avec le temps et la complicité, nous avons développé des routines de vieux amants.

— Jacky, vous êtes maintenant en mesure de nous donner l'identité des trente-cinq coureurs qui composent l'échappée de cette 18e étape.

— Oui, Guillaume ! Vous les voulez par dossard, par équipe, en fonction de leur classement au général ou dans l'ordre du numéro de sécurité sociale ?

— C'est vous qui voyez.

Jacky prend le relais, il aime tirer des grands bouts droits en solitaire bandana au vent et il sait que nous sommes là pour faire une petite relance si nécessaire. David, Steve et moi, nous nous penchons sur nos listes de départ pour compléter ou rectifier.

Il est presque 13 heures sur notre parking de la rue des Aciéries à Saint-Michelle-de-Maurienne. Le groupe de tête vient de dépasser Jausiers. Dans 15 kilomètres, ils seront au pied du col de Vars. Jacky soulève le couvercle en plastique de son plateau-repas, l'heure de passer à table sonne pour les *Rois de la pédale*. Aussi loin que je me souvienne, le Tour, c'est une table de vacances bancale dressée à l'ombre sur le gravier dans le jardinet de mes grands-parents, le temps des cabanes au fond du potager avec les cousins et les copains d'un été. Le goût de l'enfance, de l'insouciance, du partage et de la convivialité. Trente-cinq ans après et depuis deux décennies, mes copains de juillet s'appellent : Jean-François Bernard, Laurent Fignon, Vincent Barteau, Jacky Durand, Richard Virenque, Christophe Moreau, Stéphane Goubert, David Moncoutié, Marion Rousse et Steve Chainel… surtout ne me réveillez pas !

Pour le moment il n'est pas question de rêvasser. Nous sommes en direct depuis presque deux heures. Après une entame d'étape intense, animée par la formation de l'échappée, le peloton reprend son souffle, il s'accorde un moment de répit. Le groupe des trente-cinq s'organise pour conforter son avance.

Comme il y a trente-cinq ans, dans ce jardinet de l'Ain, je vais jouer avec mes petits cyclistes. Ils ne sont plus en plomb.

— Messieurs ! Les téléspectateurs d'Eurosport veulent savoir si selon vous le vainqueur de l'étape du jour se trouve dans l'échappée.

Sur les réseaux sociaux, les questions se bousculent pour nos consultants. Le rythme des retransmissions du cyclisme se prête à ces conversations avec les passionnés de l'autre côté de l'écran. Cette interaction avec les abonnés est depuis plus de vingt ans l'une des signatures spécifiques des live vélo sur Eurosport. À l'initiative de Patrick Chassé[1], commentateur du Tour sur la chaîne de 1992-2010, nous nous servions alors d'une rubrique questions au commentateur sur le site internet de la chaîne, vingt ans plus tard, un petit oiseau bleu a pris le relais.

Quel plaisir de faire le lien entre mes trois copains, anciens coursiers, et les passionnés de cyclisme qui nous écoutent. Je me dis souvent que derrière chaque question, chaque pseudonyme parfois barbare, il y a un gamin de 10 ans profitant de ses vacances. Depuis cent quinze ans et pour longtemps encore, cette déraisonnable idée d'Henri Desgrange est une fabrique de souvenirs. Qu'il aime ou non le cyclisme, chaque Français a au fond de sa mémoire, dans un jardinet de Loyette ou d'ailleurs, un souvenir de Tour, un parfum d'innocence.

1. Journaliste et commentateur spécialisé dans le cyclisme, aujourd'hui sur une chaîne concurrente, il fait partie de ceux qui m'ont permis de commenter mes premières courses de vélo à Eurosport. Merci Patrick.

CHAPITRE III

13 h 22, Saint-Paul-sur-Ubaye (Alpes-de-Hautes-Provence) Voiture de Christian Prudhomme

Spectatrice privilégiée, la voiture de Christian Prudhomme vient de prendre sa place derrière le groupe de tête. Au volant, Gilles Maignan, lui aussi ancien professionnel, anticipe le va-et-vient des coureurs qui se laissent glisser vers les voitures des directeurs sportifs pour y récupérer des consignes, un peu de nourriture et de toujours roboratifs encouragements. Le double champion de France du contre-la-montre guette aussi les bords de la route et les mouvements des spectateurs. Pour les hommes de l'organisation pendant trois semaines, les deux règles prioritaires sont la sécurité des coureurs et des participants et la continuité de la course. À sa droite Christian Prudhomme profite du moment ; depuis 2007, date de sa succession à Jean-Marie Leblanc, l'ancien journaliste goûte le Tour le plus abouti de sa gouvernance : les Frères Pétard font le spectacle du début à la fin. Il y a des choses que l'on avait imaginées en faisant le parcours qui se sont passées comme sur un tableau noir. Le début du tracé était clairement écrit pour les « puncheurs ». La neutralité de Prudhomme et de Thierry Gouvenou, l'artisan topographe, leur interdit de remplacer puncheur par Alaphilippe. Une neutralité de rigueur, dont Franck Leroy, maire d'Épernay, s'affranchit lorsqu'il passe un coup de téléphone au patron du Tour quelques jours avant le départ.

— Allô, Christian ?

— Oui, monsieur le maire.

— Il faut lui expliquer à Julian Alaphilippe que c'est fait pour lui. Il faut qu'il gagne et qu'il prenne le maillot jaune.

La 3e étape dans la capitale du Champagne marque la première arrivée française de cette édition. Plus d'un an en amont, lorsque Prudhomme et Gouvenou se penchent sur les cartes des alentours d'Épernay, ils y trouvent un terrain de jeux existant et pétillant. Les deux bâtisseurs veulent profiter au maximum de ces paysages. Le projet est de relier côtes et coteaux en passant par les chemins de terre du vignoble champenois. Après un premier repérage sur site, Yannick Talabardon, ancien coureur et consultant d'Eurosport, en dissuade les deux hommes. Impossible de faire la liaison entre côtes et chemins de terre, il faut se concentrer sur les côtes. Pour Prudhomme : « Épernay ça ressemblait à Quimper ou Mûr-de-Bretagne du Tour 2018. Si Alaphilippe avait fait la même chose on aurait eu une super première semaine. Les gens ne perçoivent les parcours uniquement que par ce que les coureurs en font. » En 2018, Julian est retardé dans sa préparation pour le Tour par des blessures, il doit patienter jusqu'à la seconde moitié pour passer à l'attaque. En 2019, au sommet de son potentiel physique, il répond à l'invitation de monsieur le maire, le cadet des Frères Pétard allume une première mèche et décroche à Épernay une victoire accompagnée d'un premier maillot jaune pour l'Auvergnat sur le rendez-vous de juillet. Un dynamitage, apprécié en toute humilité par l'artificier en chef du parcours Thierry Gouvenou. « Pour nous, c'est une vraie récompense. Cela fait un moment qu'on cherche à les bousculer dans leurs tactiques. Quand un coureur arrive à mettre le feu en s'appuyant sur ce que l'on a essayé de mettre en place, ça fait du bien. Même si parfois la mayonnaise ne prend pas comme à Quimper ou à Mûr-de-Bretagne, nous devons en passer par là pour proposer de nouveau terrain de jeux en respectant ce qui a été fait et bien fait. Je suis au service du Tour. Je sais que je suis tout petit par rapport au Tour. Ce qui ne m'empêche pas d'avoir mes idées et de persévérer. On fait avancer les choses grâce à des hommes comme Stéphane Boury (responsable des zones d'arrivée), il fait des zones déportées qui déplaisent aux télévisions, mais il s'adapte à nos exigences pour proposer des trucs différents. C'est un travail d'équipe. Au départ de la super Planche des Belles Filles, je n'étais pas convaincu. Tu arrives sur une plateforme comme une table de bistrot. J'étais sceptique, c'est une volonté de Christian et du président du département des Haute-Saône. Alors, oui, c'est compliqué, mais cela donne des images incroyables, le maillot jaune dans la poussière blanche, ça apporte un petit truc en plus. Souvent je me dis que ceux qui ont créé le Tour étaient cent fois plus fous que nous. Dans les premières années, quand ils ont fait monter des cols, qu'est-ce qui leur est passé par la tête ? Aujourd'hui, on ne fait pas un dixième de ce qu'ils ont fait. Il faut respecter le passé en apportant un peu de différence, il faut s'adapter à la réalité du cyclisme d'aujourd'hui, la façon de s'entraîner, de reconnaître les parcours. Depuis plusieurs éditions on a su proposer de nouveaux cols, on est sortis des sentiers battus. Nous sommes bien aidés par Christian, il a une vision pour faire bouger les lignes, il est cent pour cent Tour de France. »

Être le « patron » du Tour n'est pas un privilège, c'est une charge, une responsabilité. Depuis Henri Desgrange, le pionnier et fondateur en 1903, Christian Prudhomme est le septième sociétaire de cette caste. En 2004, il devient l'adjoint de Jean-Marie Leblanc. Pendant trois éditions, Leblanc, qui a déjà programmé son propre départ de la grande maison, va initier son successeur. Celui qui cède sa place a décelé chez le natif de Saint-Omer et commentateur du Tour de 2001 à 2003 pour le service public toutes les qualités requises pour prendre soin de ce patrimoine immatériel. De Leblanc, Prudhomme héritera aussi des deux piliers fondateurs de la république du Tour :

Article I : La sécurité de tous les acteurs de la grande fête doit être la première préoccupation de ceux qui occupent les voitures rouges.

Article II : Rien ni personne ne doit, ni ne peut, arrêter le Tour, sauf si l'article I de la Constitution est remis en cause.

En 2013, le Tour fête sa 100e édition, et pour la première fois, il passe par la Corse. Trois jours de course sur les routes de la perle de la Méditerranée pour un grand départ historique. La première étape s'élance de Porto-Vecchio en direction de Bastia. La route du bord de mer de l'ancienne cité génoise a fait peau neuve pour accueillir une arrivée promise aux sprinteurs. À bord de la voiture du directeur de l'organisation, à l'arrière du véhicule, à la droite de Prudhomme, Valérie Fourneyron, ministre des Sports en exercice, et assis à l'avant, Paul Giacobbi, président du conseil exécutif de Corse, sont les deux invités du jour. Le peloton groupé fonce vers Bastia à 60 km/h. Soudain, une voix calme retentit dans l'habitacle, celle de Fabienne Dalla Serra, à l'époque assistante de la direction de course :

— Christian, je me dois de te dire qu'il y a un bus encastré sous la ligne d'arrivée, il n'y aura pas d'arrivée.

Prudhomme surpris par l'annonce répète l'inattendue nouvelle :

— Il y a un bus encastré sous la ligne d'arrivée, il n'y aura pas d'arrivée.

À l'avant, Paul Giacobbi met la pression.

— Une route à 500 000 euros et pas d'arrivée !

Le bus de l'équipe australienne Orica-GreenEdge est encastré sous le portique d'arrivée. « J'ai senti réellement ce que c'était d'avoir des sueurs froides, je me suis liquéfié dans la seconde. Pour la première fois dans l'histoire du Tour il n'y aura pas d'arrivée de la première étape, et pour la première fois en Corse cela va faire du grabuge. »

Sûrement envoûté par les trésors de l'île de beauté, le chauffeur est à la bourre. Après chaque départ, les bus des équipes empruntent un itinéraire hors course pour rallier au plus vite la ville d'arrivée. L'impressionnant cortège rutilant des mastodontes a déjà bouclé la liaison depuis plus d'une heure. Sur la ligne, personne ne remarque l'absence du bus de Stuart O'Grady et de ses équipiers. Les régulateurs donnent l'ordre d'abaisser la structure qui forme l'arche, elle coulisse de 1 m 50 vers le bas. Garikoitz Atxa, le malheureux chauffeur, débute dans le métier[1]. « J'étais un peu en retard, mais j'avais l'autorisation de passer la ligne d'arrivée. J'ai vu que le portique était un peu bas. Mais tout le monde me disait d'avancer. J'ai eu une fameuse émotion, j'en tremble encore. J'ignore toujours

1. Le malheureux chauffeur du bus d'Orica-GreenEdge s'excuse. Publié par Belga News le 30 juin 2013.

si cette malheureuse affaire a fait de moi une célébrité ou au contraire une sorte d'idiot international. »

Sprints intermédiaires, classements de la montagne, arrivées, il y a beaucoup de lignes sur le parcours d'une étape. Elles sont indispensables pour établir les différents classements. La ligne d'arrivée doit satisfaire au cahier des charges du règlement de l'UCI pour être utilisée. Sa taille, sa longueur, sa largeur sont réglementées à la virgule. Il faut aussi que cette ligne soit équipée du dispositif de la célèbre photo-finish. Source indispensable pour établir officiellement le passage et le temps de chaque coureur.

Il faut sauver cette première étape en direct dans le monde entier dans cent quatre-vingt-dix pays. Le compte à rebours s'enclenche.

Cliniques et pragmatiques, les responsables de l'organisation opèrent avec un flegme de façade. « À l'arrivée ils ont pris ces quinze minutes, quinze minutes ce n'est rien, mais c'est beaucoup », se remémore Christian Prudhomme.

La première option est de se rabattre sur la ligne des 3 kilomètres. Comme son nom l'indique, elle est tracée à 3 kilomètres du but. Dans les courses à étapes, sauf sur les étapes de montagne, en cas d'accident ou de crevaison d'un ou plusieurs concurrents, dans les trois derniers kilomètres, ceux-ci sont crédités du même temps que les groupes auxquels ils appartenaient avant l'incident au passage sur cette ligne. Elle est équipée d'une photo-finish et d'un système électronique pour enregistrer les transpondeurs, petits mouchards placés sur les vélos des concurrents. Techniquement la ligne des 3 kilomètres est habilitée à déterminer le vainqueur de cette première étape. Sur la route à 500 000 euros, la fameuse ligne des 3 kilomètres jouxte un rond-point. En 2013, le truculent Jean-François Pescheux occupe la place de Thierry Gouvenou dans la voiture du directeur de l'épreuve. En fonction depuis 2005, l'ancien pistard-routier vit son dernier Tour dans les voitures rouges. Le gaillard parisien connaît les sprints. Il en fait l'amère expérience, en 1978, où hagard, après une grosse chute dans le final de la 15e étape, il rend son dossard à Saint-Étienne.

Pescheux – Christian, c'est le premier sprint du Tour. Si on fait ça dans le rond-point, ça va être un carnage.

Prudhomme – Quelles sont les options ?

— On a envoyé une équipe de chronométrage installer la photo-finish aux 3 kilomètres pour avoir des temps, ça va être juste. Parallèlement, j'ai demandé à mes gars de tracer une ligne en urgence un peu avant la flamme rouge, là on peut faire l'arrivée mais il n'y aura pas de temps. Le peloton est à treize bornes, il nous reste treize minutes.

L'annonce faite sur Radio Tour d'une arrivée anticipée parvient jusqu'aux oreillettes des coursiers, le peloton élève encore sa cadence. Les sprinteurs cherchent leurs trains, les leaders du classement général remontent le paquet, protégés par leurs équipiers respectifs. Tout le monde veut être dans les premières positions du peloton lancé à plus de 55 km/h. La route ne sera pas assez large pour tout le monde. Sous le portique meurtri, Jean-Louis Pagès a pris les choses en main. Le responsable de la zone d'arrivée gesticule, il dirige un étrange orchestre. Le Cévenol dégage une autorité naturelle, après avoir fait dégonfler les roues avant du bus australien, il demande à son adjoint, Stéphane Boury, l'évacuation d'une zone de 15 mètres en amont de la ligne. Enfin désincarcéré, le bus doit maintenant reculer pour se ranger dans cette zone dégagée à la hâte. Il reste 6 kilomètres. Moins de cinq minutes.

Radio Tour – Chute au peloton, chute au peloton. Faites attention messieurs les directeurs sportifs.

Peter Sagan se relève, à ses côtés Mark Cavendish le grand favori du jour ne gagnera pas. L'Allemand Tony Martin et le Portugais Rui Costa sont salement touchés. Alberto Contador qui joue le général est retardé dans ce cruel jeu de dominos. Il reste 5 kilomètres, quatre minutes et moins de deux minutes avant d'arriver à la ligne des 3 kilomètres.

— C'est bon, Christian, ça passe, ça passe, les hommes de pages ont fait le boulot. On a rangé le bus derrière les barrières de sécurité.

Pescheux répète encore une fois : « Ça passe ! » Christian Prudhomme demande à Radio Tour de faire passer l'info dans la bulle. Il y aura bien une arrivée sur cette première étape du Tour en Corse. Marcel Kittel passe le premier sous le portique et remporte l'étape. L'Allemand endosse le premier maillot jaune de ce centième Tour. La route à 500 000 euros aura servi jusqu'au bout. Finalement, tous les coureurs, même ceux qui sont tombés à 6 kilomètres du bus dont Contador, seront reclassés dans le même temps que le vainqueur allemand. Une décision prise en concertation, comme le règlement le permet, avec le président des commissaires pour anticiper les réclamations des uns ou des autres.

— Au sommet du col de Vars classé en première catégorie : premier le 168, le 168, Tim Wellens. Deuxième, le 31, le 31 Romain Bardet…

Sébastien Piquet égrène sur Radio Tour le classement au passage de la deuxième difficulté. La voiture de Christian Prudhomme fait la bascule derrière les derniers coureurs de l'échappée de cette 18e étape. L'ancien journaliste profite toujours du spectacle. « Le journalisme c'était le métier de ma vie, le Tour c'est ma vie. » Prudhomme a le goût de l'humain, des autres, le sens des responsabilités et des défis. Conscient de sa charge, et de celle de ses hommes : « Nous devons être au-delà de l'exigence », il aime s'appuyer sur les anciens coureurs de son équipe, « Il y a une relation de confiance incroyable entre nous, sinon ça ne peut pas marcher ». Après le Tour 2013 et l'incandescent grand départ de Corse, Thierry Gouvenou prend la place de Pescheux, dans la voiture du directeur de l'épreuve. Un départ, et un remplacement prévu de longue date. Atteint par la limite d'âge, « Pépésche » doit partir en retraite, une sinécure insupportable pour cet hyperactif enthousiaste. Moins volubile que son prédécesseur, Gouvenou, surnommé « Nounours » par le peloton quand il était coursier, a également conscience de cette charge héréditaire. « Quand tu regardes le nombre d'éditions, ça fait 106, tu te dis : il y a un passé. Ce petit supplément d'âme, cette magie qui se répète sans cesse. Tous les ans dans le parking quand je vois partir la caravane, je me dis : c'est reparti une fois de plus. Ça me paralyse, ça me prend aux tripes. Tu as beau être dedans, avoir des soucis, tu arrives à prendre quatre ou cinq minutes pour regarder. Parfois tu t'énerves, un peu pour des bêtises, mais à la fin il y a toujours cette magie qui nous dépasse tous. »

En 2015, le Tour comme en cette année 2019 passe par la Belgique. Après un grand départ de Maastricht aux Pays-Bas.

La 3e étape met les voiles du port d'Anvers pour terminer en escaladant le mur de Huy, célèbre finale de la flèche wallonne, l'une des grandes classiques de printemps. Le peloton met le cap sur les Ardennes, il reste un peu moins de 60 kilomètres. Les quatre échappés sont résignés, ils n'ont plus qu'une poignée de secondes d'avance à l'approche de la côte de Bohissau. La bulle roule sur une grande descente large et rectiligne. Quand soudain Thierry Gouvenou fait fonctionner son « Intercom » pour joindre la voiture de tête de course.

— Christian, il faut arrêter immédiatement la course, il y a eu une terrible chute.

Fin de l'intervention. Ce qui marque Prudhomme, ce ne sont pas les mots que vient de prononcer son directeur de course, mais sa voix. « J'en reviens toujours à ce moment-là, quand j'entends Thierry qui me dit d'une voix blanche, il faut arrêter la course. On a eu très peur ce jour-là avec la terrible chute de William Bonnet. » Ensuite il rajoute :

— On n'a plus d'ambulance !

« À partir de cet instant, l'arrêt de la course est réglementairement inévitable. Mais c'est la seule voix blanche de Thierry qui me rend à l'évidence qu'il ne faut pas continuer. Tu te dis : il faut arrêter, tu comprends. Ce ne sont pas les mots mais cette voix à la limite de l'émotion. La même voix que François Lemarchand avait après la chute de Gilbert dans la descente du Portet-d'Aspet. Je me suis dit : "Philippe s'est tué." En 2015, Je pensais qu'il n'y aurait pas d'arrivée, c'est la seule fois. »

À l'annonce de Gouvenou, Prudhomme revoit « Nounours » coureur en 2001 à Sarran, Corrèze. Là aussi une terrible chute, les coureurs frappent contre une glissière de sécurité. Sven Montgomery, leader de la Française des jeux, est très grièvement blessé. Le Suisse abandonnera le Tour comme lors de ces trois autres participations. Gouvenou se relève, remonte sur sa machine. Le Breton se présente enturbanné et en sang sur la ligne d'arrivée. Le patron de la course est un érudit et connaît tout de l'histoire de la grande boucle. Il s'amuse souvent à coller ses collègues et anciens coureurs. Au-delà d'une mémoire des dates, des lieux et des faits de course qui vont avec, bien au-dessus de la moyenne, cette parfaite connaissance de l'histoire vélocipédique l'aide dans sa charge. Pour savoir où l'on va, il est indispensable de savoir d'où l'on vient.

Les trente-quatre de l'échappée du jour enchaînent les virages de la tortueuse descente du col de Vars. Tout se déroule normalement aujourd'hui pour la voiture du directeur de l'organisation. Pas de voix blanche nimbée d'inquiétude, pas de bus retardataire coincé sous l'arrivée. Christian Prudhomme et Gilles Maignan conversent de la situation en course avec leurs deux invités du jour.

Le Belge Tim Wellens s'accroche pour défendre son maillot de la montagne, il vient de faire le plein de points au sommet du col de Vars devant Romain Bardet qui tente de raviver un Tour maussade pour lui. Pour Christian et Gilles, la victoire d'étape devrait se jouer entre l'enfant de Brioude et un autre revanchard, le Colombien Nairo Quintana. Le peloton a laissé filer. Il bascule à son tour au sommet du col de Vars en direction de l'Izoard et de sa picturale casse déserte[1]. Pour le

1. Particularité géologique qui offre un paysage lunaire au milieu du col de l'Izoard magnifiée par Fausto Coppi et Louison Bobet.

moment pas de mouvement entre les différents protagonistes à la victoire finale.

Thibaut Pinot est à l'ouvrage dans un exercice qui l'a déjà trahi par le passé, la descente. Appliqué sur chaque trajectoire, le leader de la Groupama-FDJ relance en danseuse dès que c'est possible pour rester dans le bon wagon.

CHAPITRE IV

14 h 51, Saint-Michel-de-Maurienne (Savoie)
Studio d'Eurosport

— Attaque de Greg Van Avermaet et de Julien Bernard ! Les deux hommes ne sont pas les plus forts du groupe, ils décident d'anticiper. Messieurs, qui va rouler derrière maintenant ?

La première escarmouche dans le groupe de tête impose un changement de tempo dans nos commentaires. Finies, les spéculations jusqu'à l'abracadabrantesque avec mes trois copains et les téléspectateurs. Finis, les scénarios passés à l'alambic de nos rêves d'enfants. Enfin des mouvements de course !

Le Belge et le Français n'ont pas les qualités requises pour résister à l'accélération des meilleurs grimpeurs du groupe. Ils anticipent avant d'arriver dans les pourcentages les plus violents du géant du massif du Queyras. Le duo roule sur les traces de Fausto Coppi et Louison Bobet, créateurs du mythe de l'Izoard à la croisée des années 1940 et 1950.

Julien Bernard est au départ de son deuxième Tour de France sous les couleurs de l'équipe Trek-Segafredo. Les quelques kilomètres qu'il va passer en compagnie du champion olympique et ancien porteur du maillot jaune ne feront pas la une des gazettes. Le panache affiché par Alaphilippe et Pinot vampirise l'espace médiatique hexagonal et au-delà pour le porteur du maillot jaune. Une aubaine pour les médias français, qui ont réalisé de très belles audiences sur l'édition du centenaire du maillot jaune. Pour prendre un exemple au hasard, mais alors vraiment au hasard, Eurosport enregistre sur cet exercice son record historique. Une histoire débutée il y a trente ans, dès la création de la chaîne en 1989. Merci Julian et Thibaut.

En journalisme on appelle cela le phénomène de proximité, chez les journalistes sportifs, du chauvinisme. Cette proximité je l'assume.

Une proximité construite à l'arrière des bus, avant ou après les courses avec les coureurs, les assistants, les managers et les directeurs sportifs. Une proximité qui s'est renforcée ensuite en partageant les plateaux des *Rois de la pédale* et de *Bistrot Vélo*, émission hebdomadaire sur la page Facebook d'Eurosport, ou des brèves rencontres improvisées hors saison. Derrière chaque dossard, il y a une histoire de vie, un chemin singulier et souvent remarquable. Ce sont toutes ces petites histoires particulières qui nous permettent de mettre en relief et en lumière les hommes et les femmes qui font la course. Avec Julien Bernard, cette proximité se tisse depuis presque vingt ans en petits bouts de tranche de vie.

En 2001, je débutais dans ce métier aux côtés de Jean-François Bernard, et anxieux comme dans la salle d'attente d'un dentiste, j'ai commenté la première course de vélo en live de ma vie, la Clásica San Sebastián[1].

En 1986, pour sa première participation, « Jef » remporte le Tour comme équipier de Greg LeMond. Mais au service de Bernard Hinault au sein d'une équipe La Vie Claire divisée en deux clans et dirigée par Bernard Tapie. La presse le présente comme le successeur du Blaireau. Un an et deux victoires d'étapes

1. Classique du calendrier World Tour. L'équivalent de notre Paris-Roubaix mais au mois d'août sans pavé et en montagne.

plus tard, Bernard peut s'asseoir sur le trône laissé vacant après la retraite du Français et l'accident de chasse de l'Américain. Il crève au plus mauvais moment et abandonne le maillot jaune qu'il portait depuis la veille et sa victoire dans le Ventoux. Il ne le reportera plus jamais. Les chutes et un genou fibrosé seront le tombeau de ses espoirs individuels sur les grands tours. Il se console en remportant cinq Tours de France comme lieutenant précieux de Miguel Indurain. Dans la pléiade des souvenirs cyclistes de mon adolescence, Jean-Francois Bernard[1] occupe une place de choix.

— Votre enthousiasme fait plaisir à voir, Guillaume, je vais me débrouiller pour vous avoir une casquette dédicacée par Jaja.

Ce sont les mots de « Jeff » sur l'antenne d'Eurosport, quelques secondes après la victoire de Laurent Jalabert sur cette Clásica San Sebastián 2001. Il doublera la mise en 2002. La casquette de « Jaja », je ne l'ai jamais vue. Mais sans le savoir, il venait par ma simple présence à ses côtés de me faire le plus beau des cadeaux. Ce Noël permanent durera plusieurs saisons.

Aujourd'hui au tour de Julien, le fiston, de passer à la télévision. « Petit Jef », comme le surnomme Jacky, spécialiste en sobriquets farfelus depuis ses premiers tours de roues chez les professionnels. Ce n'est pas facile de se faire un prénom quand on a reçu en héritage le pedigree du papa.

Il y a dix-huit ans, Julien faisait du cyclo-cross sur la moquette d'Eurosport. À l'époque, le gamin a du football plein

1. Encore un coureur français. Papa de Julien, grand amateur de vie. Jeff a dompté le Ventoux avec un chrono, porté le maillot jaune. Plus jeune, je croyais qu'il succéderait à mon héros Bernard Hinault.

la bouche, il veut en faire son métier. Au hasard du calendrier scolaire, il vient avec papa à Paris tuer les après-midi dans les cabines de commentaire. En regardant Julien rouler en direction de la Casse déserte avec Greg Van Avermaet, je le revois assis par terre, hilare aux côtés de ma fille du même âge, derrière son père et moi dans l'obscurité de notre cabine de commentaire. « Julio », comme l'appelle son père, à prononcer à l'espagnol, patrimoine linguistique de nombreuses saisons passées par Jean-François comme lieutenant du roi Miguel. Jusqu'à la sortie de l'adolescence Julien fait du foot. Jeff est son premier supporteur, trop heureux que le fiston ne choisisse pas le cyclisme, jugé trop aléatoire, ingrat et dangereux.

Raté, à 15 ans, Juju prend sa première licence au CC Varennes Vauzelles puis au SCO Dijon mais toujours dans leur Nièvre familiale. Le jeune homme donne la priorité à ses études. À 21 ans, licence de management en poche, il décide de ne plus fuir son destin. Julien Bernard sera coureur professionnel comme son champion de père.

Chez les amateurs, « Julio » montre de belles aptitudes, mais le monde pro se refuse à lui. Le papa fait du porte-à-porte pour trouver un contrat de stagiaire au fiston. De promesses oubliées en effectif déjà complet, les équipes françaises ne lui proposent pas de contrat. Finalement, Alain Gallopin[1], l'oncle de Tony et directeur sportif dans l'équipe américaine Trek, va tendre la main aux Bernard.

En août 2015 pour sa deuxième course chez les grands, Julien Bernard prend la dixième place du tour du Colorado. L'année suivante il passe pro, équipier modèle selon la formule consacrée, il roule pour les autres, Cancellara, Contador,

1. Autre famille de cyclistes français de frères en fils. Leur rassemblement de famille ressemble à un peloton de bons mecs.

Porte ou Nibali. Parfois, comme aujourd'hui, il a le droit d'abandonner son leader pour tenter de cueillir son jour de gloire. « Le Tour c'est toute ma saison, c'est comme si on était chaque jour dans un stade de foot pendant deux cents kilomètres. »

Ce 25 juillet 2019 ne sera pas le jour de sa première victoire professionnelle.

Damiano Caruso et Romain Bardet accélèrent dans les pentes les plus raides de l'Izoard. Le Sicilien passe en tête au sommet, devant l'Auvergnat, Julien s'accroche et passe en troisième position au sommet de l'avant-dernière difficulté du jour. Le groupe explose, la sélection se fait naturellement, un pur grimpeur s'imposera dans deux heures à Valloire.

Julien ne le sait pas encore mais dans deux cent treize jours il croquera sa première grande victoire chez les pros sur le tour du Var et des Alpes-Maritimes.

« Ce n'est pas facile de passer derrière mon père. Au moins, on arrêtera peut-être d'énoncer son palmarès quand je monterai sur un podium de présentation. On dira juste : "Julien Bernard qui a gagné au mont Faron", et ça me suffira. »

15 h 22, Briançon (Hautes-Alpes)
Voiture AG2R La Mondiale

— On joue le maillot à pois et tu me dis d'en garder dans les sprints ?

Romain Bardet s'interroge à l'écoute de son directeur sportif Julien Jurdie. Deuxième du Tour en 2016, il reste trois jours au leader des « terre et ciel[1] » pour sauver son bilan et celui de son équipe sur cette édition 2019.

Depuis Bruxelles les sensations ne sont pas là. Ce n'est pas une surprise mais une confirmation pour le vice-champion du monde. Trois semaines plus tôt sur le Critérium du Dauphiné, dernier grand test de forme pour les prétendants du Tour, Romain devine qu'il ne pourra pas jouer avec les meilleurs en juillet.

L'impression est confirmée lors de la 6ᵉ étape, sous la poussière de la Planche des Belles Filles. Avec les forces du moment, Bardet s'accroche jusqu'à l'étape du Tourmalet. Sur les pentes du plus haut col routier des Pyrénées, le leader d'AG2R La Mondiale jette l'éponge. À quoi bon s'accrocher pour un Top 10, alors qu'on rêve de victoire finale ?

S'accrocher, c'est aussi s'interdire de pouvoir prendre une échappée dans les Alpes. En restant à six ou sept minutes des meilleurs au classement général, sa marge de manœuvre sera ténue. En cas d'échappées les grosses écuries ne le laisseront pas prendre assez d'avance pour espérer gagner une étape ou un hypothétique maillot de la montagne. Le bonhomme est déjà monté deux fois sur le podium du Tour et même si le peloton voit les lacunes du Brivadois, cette année, personne ne peut prendre le risque de le replacer au classement général.

Romain est un leader d'équipe, il aime que le projet d'entreprise de Vincent Lavenu (manager général de l'équipe AG2R La Mondiale) repose sur ses frêles épaules. Mais cette fois il va écouter le rythme de son corps, il peut encore s'accrocher pour finir derrière le groupe des favoris qui se disputent

1. Surnom de l'équipe AG2R La Mondiale, en référence aux couleurs de son sponsor.

les miettes du festin laissées par Pinot et Alaphilippe, mais pour quoi faire ?

Pour la seconde fois depuis qu'il fait le Tour, Romain va désobéir à sa direction sportive qui lui demande de tenir sa place au classement général. Pour Julien Jurdie : « Il y avait les consignes d'équipe, et puis à un moment Romain a décidé d'arrêter les frais, il s'est dit, je prends vingt minutes. Il avait les jambes pour être juste derrière les meilleurs mais pas pour être au contact des meilleurs. C'est l'instinct du coureur qui décide. À Saint-Gervais en 2016, c'est Romain qui décide. »

En 2016, le ciel gronde et l'eau ruisselle sur la chaussée transformée en patinoire de l'avant-dernière étape qui se termine sur les hauteurs de Saint-Gervais.

Le matin, le natif de Brioude est cinquième d'un classement général déjà promis à Christopher Froome mais qui se cherche un dauphin. Les oreillettes des « terre et ciel » conseillent de ne pas prendre de risques. À quarante-six kilomètres de l'arrivée, Mikaël Cherel le fidèle, le confident, l'ami, se porte à la hauteur de son leader.

— Romain ! Pour nous, l'arrivée est en haut de la côte de Domancy, si on fait la descente à bloc on peut faire un truc de fous.

— Tu as raison, à Domancy on sprinte à fond et on fait la descente.

Mika et Romain se jettent dans la descente trempés comme des adolescents en quête d'adrénaline. Derrière eux, le maillot jaune glisse dans le sillage de Froome, Vincenzo Nibali dévisse. « Ils ne nous ont pas écoutés et ils avaient raison. Dans la voiture on avait peur de la chute et les deux, ils descendaient plein pétrole. » Jurdie en sourit toujours. Après l'étape les deux chenapans expliqueront qu'inondées par la pluie, leurs oreillettes ne fonctionnaient pas. Difficile d'en vouloir à l'instinct des coureurs. Un genre en voie de disparition dans le cyclisme dit moderne et dans le sport des très hauts niveaux. Conséquence de l'ultra-professionnalisation, la marge entre tous les coureurs est beaucoup plus faible qu'il y a trente ans. Une marge surveillée en permanence par les implacables capteurs de puissance.

Je me souviens très bien de cette journée d'orage pleine d'espoir. Elle coïncide avec le centième numéro des *Rois de la pédale*. Nous l'avons vécue, blottis sous la bâche d'un plateau offert au vent mauvais à quelques mètres de la ligne d'arrivée.

À deux jours de l'arrivée, Romain remportait la première et la seule victoire française de cette édition. Il s'emparait de la deuxième place du classement général qu'il ne lâchera plus jusqu'à la fin. Bardet aurait même pu, à un angle de clavicule près, devenir le premier Français depuis Hinault à remporter le Tour. La clavicule de Chris Froome, qui heurta le goudron inondé, sans se casser. Je sais, ce n'est pas très sportif, je suis d'accord, c'est de la proximité ! Et puis ne rappelle-t-on pas à chaque fois que l'on égrène les cinq victoires de l'immense Eddy Merckx qu'il doit celle de 1971 à un orage de grêle et aux cervicales de Luis Ocaña[1].

En voyant Romain sous la pluie, sourire en bandoulière, passer à côté de notre gâteau de la centième, je me suis souvenu des mots d'Antoine Blondin[2] parlant d'Ocaña. « Il n'était peut-être pas intrinsèquement le plus fort de la course, mais il en était le soleil. »

1. Espagnol de Mont-de-Marsan, vainqueur du Tour 1973. Une très bonne année mais pas pour le vin.

2. Le Merckx des écrivains vélocipédiques.

Au-delà du clin d'œil et de la métaphore, je voyais pour la première fois depuis Laurent Fignon un coureur français se mettre en position de remporter le Tour de France. À chaud, au micro de ce que l'on nomme dans notre jargon le signal international, le vainqueur du jour livre pêle-mêle sa première réaction.

« Je ne réalise pas, je suis sur un nuage, c'est beau. C'est le vélo à l'instinct. Nous n'avions rien prémédité. Mika a fait un truc de fou aujourd'hui, c'est juste fou. Il m'a propulsé. Ensuite je ne me suis occupé de personne, j'ai essayé de monter le plus vite possible. Je ne pensais qu'au général. Dans la finale quand je lâche Rui Costa, je me suis dit : peu importe le général, tu vas gagner l'étape et ton Tour sera réussi. Je suis deuxième et vainqueur d'étape. Je n'ai pas les mots. »

Mikaël Cherel et Romain Bardet venaient d'entrouvrir la porte d'un champ des possibles trop longtemps restée verrouillée. Trois étés sont passés, à contrecœur et contre sa nature profonde, Romain désobéit une seconde fois.

Au sommet du Tourmalet, Romain est accompagné de toute son équipe. Ils terminent à plus de vingt minutes des Frères Pétard. Stressé et irritable depuis le départ de Bruxelles, Bardet vient de se libérer d'un poids devenu trop lourd à porter, il est loin du niveau qu'il s'était fixé en novembre dernier en lançant sa préparation. Romain le sait depuis longtemps. L'homme est méticuleux, méthodique, il possède une connaissance empirique de son corps et de ses capacités. Depuis toujours, Bardet sait où il veut aller, et quitte à passer pour un prétentieux, il l'explique.

La première fois que j'ai bu un verre avec Romain, c'était sur les bords du Bosphore, à Istanbul. Je vous rassure, je ne suis pas alcoolique malgré un bel atavisme mais c'est souvent autour d'un verre que la complicité s'installe. Demandez à Antoine Blondin. Romain avait 21 ans, il était sur le Tour de Turquie pour apprendre son futur métier de leader. Observateur privilégié pendant cinq jours, j'avais été frappé autour des bus par son charisme et son sens du détail.

Une impression confirmée par l'entourage de l'équipe et mon consultant de la semaine, Stéphane Goubert[1], fidèle parmi les fidèles d'AG2R La Mondiale et depuis plusieurs années l'un des directeurs sportifs de Romain. Le soir de la dernière étape, les organisateurs réunissent coureurs et suiveurs dans un endroit prisé des noctambules stanbouliotes, sur la frontière géographique entre l'Europe et l'Asie. Autour d'une bière mexicaine coiffée de son morceau de citron, nous engageons la conversation avec le néopro. Étonné par ce jeune homme plein de malice et déjà si mature, conscient de la complexité de la profession qu'il a choisie. Comme chez Julien Bernard, l'ADN vélo vient du papa, Phillipe, avec qui à l'âge de 8 ans il partage sa première licence au Vélo Sport Brivadois. Bon connaisseur de son sport et de bien d'autres choses, Romain veut se donner les moyens de construire son ambition.

Cette maturité et cette détermination, je les ai rarement rencontrées chez un jeune sportif de haut niveau. Il me faisait penser à Jason Lamy-Chappuis qui n'était pas encore champion olympique de combiné nordique, ou à Martin, pas encore Fourcade, filant désinvolte du club France de Vancouver après avoir rangé sa première médaille olympique dans son sac à dos. Chez ces trois jeunes hommes, la même volonté farouche d'écrire leurs destins, d'aller vers leurs rêves.

1. Coureur français. Demi-dieu dans un périmètre de trente-cinq kilomètres autour de Montpellier.

L'essence de tout champion. Sa singularité me séduit, je lui propose tout de suite de nous rendre visite à Eurosport pour participer à une nouvelle émission consacrée au vélo, *Les Rois de la pédale*. Nous sommes en 2012, Romain n'a jamais fait le Tour de France, il est inconnu du grand public.

Avec l'aide du grand Christophe Moreau[1], consultant Eurosport, nous arrivons à faire sortir de sa paisible retraite Raphaël Géminiani[2], autre illustre Auvergnat vélocipède. Le jeune loup et le grand fusil, joli casting. Depuis, Romain répond toujours à l'invitation de nos débats potaches et passionnés.

Deux ans plus tard, il terminera sixième du Tour dans un relatif anonymat. En 2014, derrière le Sicilien Vincenzo Nibali. Son leader, Jean-Christophe Péraud est deuxième devant un certain Thibaut Pinot. L'année suivante sera celle de la passation de témoin entre Péraud et Bardet, pour le leadership de la formation de Chambéry. Attentif à chaque détail, le nouveau leader veut être impliqué à tous les niveaux de la chaîne de décision sportive. Et ça marche, la preuve en est faite sous le déluge de Saint-Gervais. Plus obstinée et déterminée, la nouvelle locomotive du cyclisme tricolore s'emploie, parfois jusqu'à l'entêtement, à franchir la dernière marche. La spirale s'inverse à Marseille en 2017, la veille de l'arrivée, la capitale provençale accueille un contre-la-montre individuel décisif. Planté, étouffé par la chaleur dans l'ascension de la côte de Notre-Dame de la Garde, Romain Bardet finit par sauver son podium pour une minuscule seconde.

1. Autre coureur français au trop grand cœur. Le Belfortain s'est fait prendre en flagrant délit lorsque de jaune vêtu sur le podium protocolaire il embrassa celle qui deviendra son indéfectible supportrice.

2. Coureur français surnommé « le grand fusil ». Lui serrer la main, c'est comme si vous touchiez Coppi, Gaul, Anquetil en même temps.

Alors qu'il avait rivalisé en montagne avec Chris Froome, il est trahi par son point faible. Depuis cette grande finale du Tour 2017 au stade Vélodrome, l'Auvergnat n'est plus dans le rôle du prétendant à la victoire qu'il revendique. Dans ce Tour 2019 où les deux autres têtes de gondoles du cyclisme tricolore sont au firmament de leur potentiel, Bardet, lui, traîne sa misère, conscient de ses lacunes et de celles de son équipe. Le plus malheureux, c'est lui, incapable de porter les siens sur ce tour. Dur, quand depuis sept ans on ne vit que par et pour le Tour de France. Un septennat constructif, gratifié par trois victoires d'étapes, deux podiums au classement général et cinq Top 10, qui font de Bardet à ce jour le Français le plus compétitif du siècle sur le mois de juillet.

Ce matin dans le bus, Julien Jurdie a fait le briefing, Vincent Lavenu n'est jamais très loin. L'équipe connaît parfaitement le profil et le final technique de ce dix-huitième épisode de la saison 2019. Depuis plusieurs années, les « terre et ciel » ont pris l'habitude de poser leurs valises à l'*Hôtel des Glaciers*, voisin du col du Lautaret perché à plus de deux mille mètres d'altitude.

Il reste trois jours au commando savoyard pour sauver le soldat Bardet. L'objectif ce sera la chasse aux points pour le maillot de la montagne et selon les circonstances la victoire d'étape. Il faut que Romain puisse prendre le bon coup, accompagné de quelques équipiers. Jusqu'ici, tout va bien. Le Suisse Mathias Frank et l'ange gardien Mikaël Cherel ont accompagné leur leader dans sa conquête du maillot à pois.

Le Belge Tim Wellens qui défend avec ténacité la précieuse tunique depuis la 3e étape a capitulé dans l'Izoard, asphyxié par l'altitude, le puncheur n'a pas pu suivre le rythme. Si Romain passe dans les trois premiers au col du Galibier en maîtrisant Damiano Caruso, il attrapera une belle varicelle ce soir.

Au micro, Julien Jurdie tente de canaliser son coureur :

— Ne te livre pas trop, ne te livre pas trop ! Mika est au top.

« Au briefing on avait ciblé l'étape en termes de points pour le classement de la montagne. Dans l'Izoard, Quintana n'avait pas l'air au top, mais avec lui tu ne sais jamais. Mika s'est mis à la planche dans le Lautaret quand Lutsenko et Woods ont anticipé. Ça allait se faire à la patte dans le Galibier. On savait que le client c'était Quintana. »

C'est incroyable le nombre d'histoires que l'on peut raconter en cinquante-deux kilomètres sur une course de vélo. De la Casse déserte où Julien Bernard ouvrait la route au pied du Galibier, à l'endroit même où dans quelques secondes le Colombien Nairo Quintana se dressera sur ses pédales et laissera sur place Romain Bardet et ses autres adversaires de l'échappée du jour. Quintana vainqueur à Valloire seul et même parfois contre son équipe, une autre belle histoire à romancer. Ce sera pour une autre fois. Depuis sa naissance, le sport cycliste trace, esquisse les contours de personnages et de destins singuliers. Une galerie de portraits riche et infinie. Notre travail de commentateurs est de mettre en couleurs ce dessin séculaire. Depuis vingt ans je me nourris de la palette de ces petits moments privilégiés avec les acteurs du cyclisme pour tenter de peindre l'humain derrière le dossard ou les watts.

À quoi pense le coureur qui vient chercher l'éphémère gloire des podiums ? À quoi pense Romain en enfilant son maillot à pois qui récompense l'obstination de tout un groupe ? « Le Tour de France est passé si vite, j'ai été absent pendant dix-sept étapes. Il était temps de me réveiller. »

Avec l'humilité de celui qui n'était plus attendu, Bardet salue le public de Valloire qui s'abrite des caprices du ciel sous une forêt de parapluies. Il passe quelques minutes après Julien Alaphilippe toujours en jaune. Comme tous ceux qui aspirent à gagner quand ça fait mal, Romain a appris à dissimuler ses émotions. Conscient d'avoir déçu les aficionados de juillet, depuis le Tourmalet, Bardet appréhende cette rencontre. Et ce qu'il avait déjà entraperçu sur le vélo se confirme.

— Romain ! Romain !

Non, ils ne l'ont pas oublié. À la table des vivats dressée par les fans du Tour il y aura toujours une chaise pour lui entre Alaphilippe et Pinot.

Bardet ne le sait pas encore mais dans vingt-quatre heures son Tour 2019 sera sauvé.

17 h 06, Valloire (Savoie)
Ligne d'arrivée

Le maillot jaune et sept autres coureurs franchissent la ligne trente-deux secondes après le Colombien Egan Bernal. Parmi eux Pinot et les autres prétendants à la victoire finale. Le fond de ligne, c'est le royaume des assistants. Hommes et femmes aux multiples talents, ce sont de véritables couteaux suisses entièrement dévoués aux coursiers. Ils s'installent à quelques minutes du final pour apporter les premiers réconforts et aiguiller les coureurs vers les bus d'équipes. Pinot retardé par le contrôle antidopage slalome dans cette bienveillante tribu multiethnique à la recherche de ses couleurs[1]. Samuel Roces, le kiné et confident de Thibaut l'attend prêt à l'exfiltrer en direction de l'hôtel.

— On va où là ?
— À l'hôtel.
— Je me suis fait mal. Ça me fait comme si j'avais une contracture. Au début ça allait mais en bas de la descente, je pouvais plus pédaler.

Pinot reste en selle, l'hôtel *Le Crêt Rond* est à deux kilomètres, directement à gauche en sortant de la zone de fond de ligne, sur la route du Galibier.

1. *Allez Thibaut*, documentaire de Brice Baubit sur France Télévisions, 2019.

CHAPITRE V

Classement général : 1 – Alaphilippe (Fra), 2 – Bernal à 1'30" (Col), 3 – Thomas à 1'35" (GB), 4 – Kruijswijk à 1'47" (PB), 5 – Pinot à 1'50" (Fra), 6 – Buchmann à 2'14" (All), 7 – Quintana à 3'54" (Esp), 8 – Landa à 5' (Esp), 9 – Uran à 4'54" (Esp), 10 – Valverde à 3'58" (Esp).

17 h 23, Valloire (Savoie)
Route du Galibier

Une trentaine de coureurs trempés conduisent « l'autobus ». Le fameux *gruppetto* où les coursiers lâchés dans les étapes de montagnes se réfugient pour s'allier autour d'un seul objectif, regagner l'arrivée dans les délais. Parmi eux figurent Stefan Kung et William Bonnet, deux équipiers de la Groupama-FDJ. Le vigoureux rouleur suisse a été recruté à l'intersaison par Marc Madiot pour étoffer le groupe Pinot dans la perspective du Tour de France. Bonnet, lui, vit sa neuvième saison dans la plus vieille équipe professionnelle française. En 2015, sur la route de Huy, l'ancien sprinteur, devenu poisson-pilote, chute à grande vitesse. La voix blanche de Gouvenou qui glace d'effroi Christian Prudhomme, c'était Bonnet.

Tous ceux qui ont vu cet enchevêtrement houleux de vélos se souviennent de ce grand faux plat descendant, sur une large route ensoleillée. Bonnet part à la faute. Un, deux, puis une dizaine de coureurs s'entrechoquent puis s'entremêlent. Cette masse informe de vélos et de corps râpés glisse jusqu'à l'ombre rigide d'un pylône d'éclairage.

Le visage ensanglanté et hagard, William tente de se mettre debout. « Quand j'ai voulu me relever, j'ai senti que ma tête ne tenait plus. J'ai été obligé de la soutenir avec ma main. » Le bilan est lourd, fracture des vertèbres cervicales, Bonnet quitte le Tour une minerve rouge autour du cou en guise de trophée.

Il lui faudra une opération, une plaque en titane pour la vie et huit mois de rééducation avant de pouvoir remettre un dossard. À l'époque, dans l'équipe de Marc Madiot, l'ancien vainqueur d'étape sur Paris-Nice devant Louis Léon Sanchez et Peter Sagan met sa puissance et sa vitesse au service d'Arnaud Démare, double champion de France et vainqueur de Milan-San Remo. Après sa rééducation et son retour à la compétition, il est devenu le garde du corps presque exclusif de Pinot. Sa mission est de le protéger sur les étapes dites de transitions ou de le placer en montagne jusqu'à ce que la pente ramène ce gaillard aux lois de l'apesanteur. Les deux hommes ont tissé depuis une relation presque fraternelle. « On a appris à se connaître, il y a les discussions sur le vélo, des affinités, on est tous les deux fans du PSG, on aime la nature, être tranquilles et la discrétion. On n'a pas le même âge. Parfois il n'y a pas de raison aux sentiments. J'ai de l'affection pour Thibaut. »

La flamme rouge se profile enfin pour William et Stefan lorsqu'ils croisent leur leader. « J'arrive au *gruppetto*, on était logés sur le final à Valloire. Je vois Thibaut… D'habitude on se fait toujours un signe. Et là, rien. Je voyais bien que cela n'avait pas dû se passer comme prévu. Il y avait un truc qui n'allait pas. En revenant à l'hôtel, j'apprends qu'il a une grosse douleur et je le vois avec sa poche de glace sur la cuisse. »

18 h 18, Saint-Michel-de-Maurienne (Savoie) Zone technique déportée

Sur le plateau des *Rois de la pédale*, nous venons de rendre l'antenne. Une heure d'émission comme chaque soir pour revenir sur les faits marquants de la journée et écouter toutes les réactions collectées par les équipes d'Eurosport, situées aujourd'hui à 20 kilomètres du plateau amiral.

Dehors, de sombres nuages ont kidnappé le soleil et l'orage gronde sur la zone technique. La deuxième partie de la journée débute pour nous et pour toutes les équipes d'Eurosport. Pour « les baveux », surnom donné aux journalistes par les techniciens, deux heures et demie de route pour rejoindre Tignes qui nous accueille ce soir. Pour les « technos », deux heures de « démonte » sous la pluie avant de pouvoir prendre la direction de Tignes pour réinstaller les véhicules sur la zone technique qui sera demain proche de la ligne d'arrivée. Tout le monde s'active, Jacky est déjà parti en éclaireur prévoyant récupérer la voiture pour la rapprocher du camion studio. Il tombe des hallebardes. Ce sera la même chose sur tout le trajet. L'excitation de notre veillée d'armes au *Marmiton* de Valmeinier a été douchée, par les fortes averses à répétition mais surtout par le scénario de course.

— C'est râpé mon Jacky. Le Bernal, il vole.

— La route est encore longue jusqu'à Paris, on verra demain. Pour le moment si tu pouvais trouver l'adresse de l'hôtel pour que je la rentre dans le navigateur.

Bernal a repris du temps à tous les favoris. Ce soir, le Colombien est le nouveau dauphin de Julian Alaphalippe au classement général à une minute trente secondes du Français.

Surpris par une attaque de Geraint Thomas, le tenant du titre parti en chasse derrière son jeune équipier colombien, Pinot, a mis un moment avant de revenir sur le Gallois pour finalement l'accompagner sur la ligne d'arrivée à Valloire escorté des autres prétendants au graal. Le maillot jaune a été décramponné dans l'ascension de l'Izoard, Julian est rentré dans son costume de funambule sur le groupe Pinot au prix d'une descente finale d'équilibriste déraisonné.

Pour la première fois depuis le début de cette édition, le Team Ineos a pris les choses en main, comme prévu. Les Britanniques ont les clefs, même privés de Luke Rowe mis hors course la veille après un échange d'inamabilités avec l'Allemand Tony Martin, équipier de Steven Kruuijswijk à la Jumbo-Visma.

Que Thibaut n'ait pas tenté de suivre Bernal, c'est dans l'ordre des choses. Pour le Franc-Comtois, le leader des Anglo-Saxons, c'est Thomas. Mais qu'il n'ait pas pu suivre la première accélération du tenant du titre est curieux, voire inquiétant. La supériorité affichée dans les Pyrénées est-elle passée ?

Sur mon portable je scrute les réactions du team britannique. Pour Dave Brailsford, le manager d'Ineos, « la tactique c'était qu'Egan attaque pour faire basculer les choses. Mais personne n'a bougé, après c'est la décision de Geraint Thomas ». Comprenez, en difficulté après l'accélération de Bernal à 2 kilomètres du sommet du Galibier, Thomas a bougé pour ne pas perdre définitivement le leadership que lui confèrent son palmarès et son passeport britannique au sein des rouges et noires. Mais pourquoi Thibaut n'a pas pu le suivre ?

18 h 33, Valloire (Savoie)
Quelque part non loin de la ligne d'arrivée

Sacs à dos vissés sur les épaules, sacoches aux mains, un curieux duo s'éloigne du portique. Sébastien Crépin et Bruno Thomas terminent leur 18e étape.

Ce n'est pas l'amour de la bicyclette qui unit ce très discret tandem. Les plus érudits de culture sportive se rappelleront que Bruno Thomas vient du Bobsleigh. J'ai eu la chance de partager sa route lorsqu'il était consultant pour Eurosport. En 2002, Bruno est le pilote du deuxième bob à quatre tricolores aux Jeux olympiques de Salt Lake City. C'est Bruno Mingeon, médaillé de bronze en 1998 à Nagano, qui conduit l'autre bob de l'équipe de France aux Jeux olympiques. La photographie, la musique, une ceinture noire de karaté et les grandes randonnées dans son Vercors chéri remplissent la case hobbies de notre ancien consultant. Sébastien, son sport à lui, c'est la course à pied, mais sa passion, c'est la programmation informatique : « Mon hobby c'est de faire des classements. Moi j'ai appris le vélo et ses règlements en mettant au point des logiciels pour faire les classements. » L'informatique, mesurer les écarts et créer des logiciels informatiques pour mettre en forme le tout, voilà leur passion commune. Bruno est devenu programmateur après avoir passé la première partie de sa vie professionnelle à glaner le moindre millième de seconde en sortie d'un virage de glace aux commandes d'un bob lancé à plus de 100 kilomètres à l'heure.

Toute l'année, les deux hommes sillonnent la France et le monde pour établir les classements indispensables à toutes compétitions, à condition qu'il s'agisse d'un sport où la valeur temps départage les engagés ; cyclisme, athlétisme, ski, bobsleigh et bien d'autres.

Sur le Tour de France, Sébastien et Bruno sont responsables de la ligne d'arrivée pour le chronométreur officiel. Installation de la photo-finish, connexion du système qui permet d'enregistrer le passage des transpondeurs placés sur le vélo de chaque coureur. Ils installent, connectent et déconnectent tous les jours la technologie nécessaire pour établir les classements en relation avec le juge à l'arrivée de l'UCI.

Un rôle occupé par le Castelbriantais, Guillaume Verger, sur cette 106e édition. Sur toutes les courses professionnelles, le règlement de l'Union cycliste internationale impose aux organisateurs d'avoir une cellule de photo-finish et un système de captation des transpondeurs. La photo-finish est le document exclusif qui confirme l'ordre exact d'arrivée et les écarts. Les arrivées se jugent au boyau de la roue avant des machines, au point de tangence avec le plan vertical élevé au-dessus de la ligne[1].

La photo-finish doit donc être installée perpendiculairement à la ligne, et toujours selon le règlement : tout autre appareil n'ayant pas cette position de référence ne peut se prévaloir de la qualité de photo-finish. Le juge à l'arrivée participe ensuite à la lecture des images afin de valider son classement. Il doit conserver le film au minimum jusqu'au départ de l'étape suivante pour répondre à d'éventuelles réclamations.

En 2013, à Bastia, lorsque le bus du malheureux mais célébré Garikoitz Atxa s'était encastré dans le portique, la caméra avait bougé, rendant caduc le dispositif de la photo-finish.

1. Si vous n'avez pas compris ce point technique, cela ne nuira pas à la compréhension des événements qui vont suivre.

Ce jour-là, Sébastien était resté bloqué dans le petit cabanon qui abrite les maîtres du temps, sous la banderole finale. « J'étais enfermé, après le choc, on est descendu d'un demi-mètre et on avait un peu pivoté. » Il faudra l'intervention des pompiers pour ouvrir, non sans difficulté, la porte du petit baraquement. Enfin libéré, le premier réflexe de Sébastien fut de mettre en sécurité son si précieux matériel.

— Je prends mon PC, lance-t-il au pompier secouriste hébété.

— Non, tu ne prends pas ton PC.

— Si, je le prends, je dois faire les classements du Tour de France ! rétorque Sébastien d'un ton qui ne laisse pas de place à la négociation.

« Pour l'anecdote, ce dernier voulait même que l'on aille voir un psychologue, cela fait partie du protocole de sécurité, on avait pris un bon choc dans la guitoune. » Bruno Thomas n'a pas vécu ce percutant épisode. Occupé professionnellement à l'étranger par une compétition internationale d'athlétisme, l'ancien bobeur n'avait pas encore débarqué en Corse.

À toutes fins utiles, il est important de préciser à ce moment du récit que la photo-finish ne vient que pour valider le travail du juge à l'arrivée et des autres arbitres de l'UCI positionnés sur la ligne. Dans le règlement il est précisé que pour établir l'ordre de passage, le juge à l'arrivée doit prendre dans un premier appel le plus grand nombre de coureurs possible. Tous les coureurs qui arrivent ensuite sont considérés comme *ex aequo*, jusqu'au moment où il peut à nouveau reprendre sans interruption son appel des arrivants situés en fin de peloton ou de course.

Il valide ensuite son classement et les écarts après lecture de la photo-finish. À aucun endroit dans le règlement on ne parle des transpondeurs ou de la toute nouvelle géolocalisation mise au point depuis 2015 sur le Tour, pour établir un classement.

La géolocalisation permet, avec un point GPS, un numéro de dossard et un boîtier relais placé sous la selle des coureurs, de pouvoir avoir des écarts en temps réel. Elle est surtout utilisée pour donner des informations d'écarts, en distance ou en temps, aux téléspectateurs et suiveurs sur les différents écrans et datas mis à leur disposition. La géolocalisation n'a aucune valeur réglementaire.

18 h 47, A-43
Voiture Deceuninck-Quick Step

Le maillot jaune joue de la batterie sur le pupitre de la voiture qui le conduit à l'hôtel des *Soldanelles* de la Toussuire, tanière du « Wolf-Pack ». Demain, pour la quatorzième fois, Julian Alaphilippe portera le maillot jaune au départ de Saint-Jean-de-Maurienne.

« Ce tour a été d'une intensité incroyable, je n'ai pas vu le jour. C'est passé très, très vite. Même dans les moments où c'était beaucoup plus dur et que ça faisait mal. Les trois derniers jours j'étais dans un état de fatigue avancé. Ça faisait de grosses journées. Entre les étapes, la cérémonie protocolaire, les contrôles antidopage, le retour à l'hôtel, le massage, la kiné, je ne voyais pas le jour. J'étais toujours le dernier rentré. »

Ce soir encore, le premier sera le dernier arrivé à la réception de l'hôtel. Paradoxale situation de celui qui possède le maillot jaune. Avant, pendant, après la course, c'est une charge énergivore. Quinze jours que Julian découvre cette curieuse et éphémère sensation d'être le roi de la fête. Depuis Épernay et sa première étreinte avec l'étoffe sacrée, le fougueux courtisant goûte à cette nouvelle conquête qui lui colle à la peau.

Il y a cent ans, sur une idée d'Alphonse Baugé, Henri Desgrange le papa du Tour décide de mettre en couleur le premier coureur au classement général. Ce sera le jaune canari.

Jaune comme les pages de *L'Auto*, le journal que dirige l'ancien cycliste devenu journaliste. Le public et de nombreux correspondants de la presse sur place se désespèrent depuis le départ du pont d'Argenteuil à Paris de ne pas pouvoir identifier celui dont tout le monde parle, le leader du Tour de France.

Ce sera aussi l'occasion pour Desgrange de marteler autour de ce nouveau maillot, *via* sa couleur, la publicité pour son journal. Il avait créé le Tour pour faire connaître son titre et rivaliser avec le quotidien sportif de référence de l'époque : *Le Vélo*. Le 18 juillet 1919, dans une brasserie grenobloise, Desgrange en personne apporte à Eugène Christophe les quatre premiers prototypes de sa trouvaille. Pour l'anecdote, Christophe est leader de la compétition depuis presque deux semaines.

Cent ans plus tard, il est loin le charme suranné et convivial de cette arrière-salle de bistrot. Les balbutiantes initiatives des pionniers du Tour se sont transformées en mécaniques protocolaires chronophages. Du podium en passant par la zone d'interview jusqu'à la glauquissime salle d'attente grillagée du camion antidopage, Julian apprend à ses dépens les obligations dues à son rang. Depuis le début de son règne, son temps ne lui appartient plus. Mais lui-même, s'appartient-il encore ? Alaphilippe est mort ! Vive le maillot jaune ! Phénomène dissociatif appelé « la dépersonnalisation » en psychologie[1]. L'individu a le sentiment de perte de soi-même lorsqu'il nc

1. J'en ai parlé avec ma psy qui ne souhaite pas être citée. Elle n'aime pas le vélo.

contrôle plus son temps dans une situation qu'il vit et subit comme un spectateur. En devenant professionnel, tout coureur cycliste caresse le rêve de porter la sainte tunique sans apprécier la charge que revêt cette étoffe séculaire.

Julian bat la mesure sur la boîte à gants comme d'autres tapent sur des bambous. Le maillot jaune se reconnecte à son moi intime. Il renoue avec ses racines nourries aux accords de batterie d'orchestre des bals populaires animés par son père.

19 h 08, Valloire (Savoie)
Hôtel *Le Crêt Rond* – Groupama-FDJ

Camera au point, plaqué contre les murs des chambres qui accueillent ce soir le staff médical de la Groupama-FDJ, Brice Baubit tente de se faire oublier.

Depuis le début de la compétition, le journaliste reporter d'images[1] du service public est au plus près du leader de Marc Madiot et de son équipe. Un mariage de raison entre le JRI et la formation française. En 2015, l'ancien rugbyman de Fédérale 1, reconverti au triathlon après une blessure, avait déjà partagé l'intimité des coureurs au trèfle.

Dans l'œil de sa caméra, Jacky Maillot, médecin de l'équipe, arrivé il y a trois saisons à la demande de Thibaut, palpe le blessé pour localiser la douleur.

— Tu n'as pas pris de coup de guidon ?

— Non.

L'ancien médecin de l'équipe de France se focalise sur le genou gauche du vainqueur au Tourmalet. Pinot est touché dans sa chair, trahi par son corps, son rêve vacille, Brice

1. « Le fabuleux destin de Brice Baubit, reporter d'images », *La Nouvelle République*, 18 février 2018.

filme. Un strapping plus tard, la caméra de France Télévisions accompagne Thibaut dans l'escalier, il peine à descendre les marches. Samuel Rocés le kinésithérapeute va prendre le relais, le traditionnel massage du soir commence.

— Cela ne m'est jamais arrivé, je n'ai jamais eu ça. J'ai eu mal, et ça montait pas vite dans le col de Vars, c'est en bas du col que ça a commencé…

Brice Baubit est toujours là lorsque Pinot rejoint ses coéquipiers à table pour le repas du soir dans le brouhaha de la salle du restaurant-bar et salle de jeux de l'hôtel *Le Crêt Rond*. Le visage est fermé et la démarche hésitante.

— Tu boites ? s'inquiète la tablée.
— Oui, c'est le muscle vaste interne.

Un silence bref ponctue l'annonce de Thibaut, l'accent béarnais de Mathieu Ladagnous relance la conversation.

— Tu as pris un coup ?

Pas de réponse. Juste un dodelinement négatif de la tête. Pinot est muet. Son regard vide et déboussolé évite de croiser ceux interrogatifs de ses coéquipiers. Devant l'œil de Baubit qui tourne toujours, les traditionnelles discussions d'après course reprennent mais les intonations ont changé.

20 h 23, Valloire (Savoie)
Pas très loin de l'hôtel *Le Crêt Rond*

Pour l'état-major d'ASO, la journée s'achève autour d'un bon repas en compagnie des représentants locaux de Valloire et de ses alentours. Toujours très sollicité, Christian Prudhomme refait la course avec les convives en revisitant les plus belles escarmouches du Tour dans les environs sans rien connaître de la Cène qui se joue à quelques centaines de mètres, à l'hôtel *Le Crêt Rond*.

« Le secret de la blessure de Pinot a été incroyablement bien gardé, nous n'en savions rien », me confirme Christian Prudhomme, lui et sa garde rapprochée rêvent depuis de longues semaines à cette fin de la Grande Boucle en haute altitude. Sur le plan sportif, les coureurs ont magistralement mis en musique la partition écrite par Thierry Gouvenou et ses équipes en charge du sportif.

Côté organisation et mise en place des infrastructures nécessaires à l'accueil du public, le Tour est un défi logistique quotidien mais jusqu'ici tout va bien, se rappelle Pierre-Yves Touhault : « La veille, on est à Valloire. On fait une grosse bouffe. En 2016, on avait connu trois jours de fou. L'épisode Froome qui court dans le Ventoux, la pression des agriculteurs, des risques terroristes à Nîmes et un incendie pendant l'étape. Là, je sais que le lendemain, il n'y a pas de raison d'être plus inquiet que ça. » La 19e étape du Tour entre Saint-Jean-de-Maurienne et Tignes sera le chef-d'œuvre des compagnons architectes du Tour de France.

En août 2018, onze mois avant le jour J, Christian Prudhomme propose à son bras droit une petite virée bucolique en toute confidentialité. « Il me dit : “Ça va être le Tour des sommets", moi l'Iseran je connaissais sans connaître. Il me dit : "Tu vas voir." » Aussitôt dit, aussitôt fait, les deux hommes font place nette dans leurs plannings respectifs. Ils partiront la veille pour leur discrète reconnaissance.

Les drôles de promeneurs ont décidé de donner du temps au temps et de se faire plaisir en flânant au gré des surprises de la route et de leurs envies. Le tracé de la prochaine édition ne sera annoncé que dans trois mois, la présence de Prudhomme et Thouault sur les routes du col de la Madeleine ou de l'Iseran pourrait susciter les curiosités. « Je pars avec ma carte routière à l'aventure, on a un peu tourné dans tous les sens. » Sur le chemin le duo décide de faire une halte chez l'humoriste Laurent Gerra. Depuis de nombreuses années l'imitateur préféré des Français vient régulièrement visiter la caravane du Tour ou travailler pour RTL. « On décide de lui glisser une carte de visite sous sa porte pour qu'il se dise : "Tiens, tiens ?! Le Tour va peut-être passer devant chez moi !" »

Après des tours et des détours, les deux aoûtiens gravissent enfin l'Iseran et ses 2 770 mètres d'altitude. Grands passionnés de la chose cycliste, ils font et défont les scénarios de leurs trois semaines de juillet prochain. « Dans notre imaginaire on se fait tout un film. Là il va se passer ça et ici machin va attaquer. Enfin, dans notre imaginaire… »

Quelques semaines plus tôt, par une chaude et festive fin d'après-midi d'été à Roubaix[1], alors que l'équipe de France de football venait de remporter une deuxième Coupe du monde, Christian Prudhomme me confia ne pas pouvoir prendre de plaisir pendant les trois semaines du Tour. « Avec toutes les

1. Dadou m'en parle encore l'œil rieur.

responsabilités de sécurité inhérentes à la course, mon plaisir c'est de voir tout le monde, coureurs et suiveurs, arriver en pleine forme à Paris. »

Christian et Pierre-Yves flânent en savourant les multiples délices chromatiques de la montagne. Sur les flancs ensoleillés du géant, ils revisitent, eux aussi, les jardinets de leur enfance. « On était tous les deux tranquilles, il y avait des marmottes partout dans la montée. Il y avait même un couple de Parisiens qui s'embrassait. On s'est dit : "C'est beau !" Dans notre tête c'était déjà un truc de malade. Le Tour va se balader à plus de 2 700 mètres, oui… un truc de malade ! »

Demain le plus grand événement sportif annuel visitera l'Iseran pour la huitième fois seulement en quatre-vingt-un ans[1]. La vertigineuse route qui relie la Haute Tarentaise à la Haute Maurienne, en flirtant avec l'Italie voisine, a été achevée en 1937 après huit années de périlleux travaux.

Dès 1938, Henri Desgrange et Jacques Goddet décident d'exploiter le plus haut col de montagne routier des Alpes. Sur des sentiers non goudronnés, et sous un déluge d'eau et de boue, l'Italien Gino Bartali, futur vainqueur de l'épreuve, sauve sa tunique jaune dans la descente de l'Iseran, la légende est en marche. De l'adieu aux armes de Louison Bobet, l'idole déchue en 1959, à la chevauchée irréelle et diabolique du lombard Claudio Chiappucci, vainqueur à Sestrières après 200 kilomètres de raid solitaire en 1992, l'Iseran accouche rarement d'une souris.

Il faut néanmoins s'accommoder des caprices météorologiques de la nouvelle star des cimes. À ces altitudes le climat est instable, voire capricieux.

1. « Rare et majestueux : l'Iseran, un héros si discret », Eurosport.fr, 26 juillet 2019, par Laurent Vergne, un homme pour lequel j'ai beaucoup de respect professionnellement et de tendresse humainement. Il sait pourquoi.

En 1949, le thermomètre affiche 25 degrés dans la vallée. Au sommet de l'Iseran, la neige, le vent et une pluie glaciale accueillent Guiseppe Tacca, devenu Pierre-Joseph depuis sa naturalisation française. Ce jour-là, Fausto Coppi s'impose à Aoste en solitaire après avoir lâché, contraint et forcé, Gino Bartali, ralenti dans la dernière ascension par une crevaison.

En 1963, des avalanches obstruent la plus haute route d'Europe, il faut percer des tunnels sous 30 mètres de glace et de neige mêlées pour faire passer le peloton. Pire encore, en 1996, une météo à ne pas mettre un coureur cycliste dehors oblige les organisateurs à amputer l'Iseran et le Galibier du profil de la 9e étape.

Pour le moment, le soleil tire lentement sa révérence à Valloire après la douche essuyée par les coureurs à l'arrivée de cette étape du jour. Les prévisions météo pour le lendemain sont presque bonnes : « Entre 17 et 30 degrés. De la chaleur puis de la fraîcheur et des orages épars. » Pas de quoi perturber Thierry Gouvenou. « Le 26 au départ on ne sait pas que l'on va être embêté pour finir l'étape. On sait qu'il y a des orages qui se préparent comme souvent en montagne, mais il n'y a pas d'alerte. »

21 h 27, Valloire (Savoie)
Hôtel *Le Crêt Rond* – Groupama-FDJ

L'été, l'ancienne modeste ferme de montagne transformée en hôtel de charme par le labeur de la famille Martin est un passage obligé de la transhumance cyclotouristique. Au pied du Galibier, sur la route des Grandes Alpes qui raccorde le Léman à la Méditerranée, c'est une étape douillette, prisée des cyclistes, des marcheurs des cimes et de nombreux motards en vadrouille. Dans les escaliers qui mènent du salon aux chambres, une drôle de cordée s'improvise. Le staff de la Groupama-FDJ solidaire porte et escorte Thibaut Pinot jusqu'à la sienne qu'il partage avec Rudy Molard.

Laissé au repos pendant le dîner, le vaste interne gauche de Pinot ne répond plus. Incapable de prendre appui sur sa jambe, voilà Thibaut contraint d'emprunter cette chaise à porteur improvisée pour gravir les marches qui conduisent au premier étage. C'est toute l'équipe qui boite dans le sillage de son leader. « Depuis la veille au soir j'étais inquiet, j'étais dans l'expectative. Je pense que déjà quelque part j'avais accepté ce coup du sort. C'était mal engagé », se souvient Marc Madiot.

Dans la chambre, le docteur tente de trouver les mots pour rassurer Pinot.

— Ça peut se résorber dans la nuit, on verra…

William Bonnet est venu au chevet de son ami, impuissant il observe et tente aussi de trouver des mots qui soignent. « Je suis allé dans sa chambre, mais qu'est-ce que tu veux dire ? Thibaut savait, il savait très bien. Il se connaît, il sait comment son corps réagit et puis c'est tellement exigeant… Tu ne peux pas gagner le Tour sur une patte ! »

22 h 08, Tignes (Savoie)
Promenade du Tovière

La nuit enveloppe la station savoyarde, lorsque la fine troupe des *Rois de la pédale*, à nouveau réunie après un transfert pluvieux, se présente au restaurant *Cœur des Neiges*, notre étape de détente culinaire du soir. Après une lecture transversale du menu, je missionne Jacky de commander mes plats pour l'apéro, je m'en remets à notre routine estivale. Je profite de ce moment de latence dans le service pour m'éclipser et griller une cigarette. Depuis, comme beaucoup d'entre nous, je tente de me débarrasser de ce vice oisif et c'est en suçant une pastille de sevrage à l'eucalyptus que je revisite avec vous cette soirée.

— Qu'est-ce qu'il a Thibaut ? Pourquoi il n'a pas suivi Bernal ?

À l'autre bout des ondes, derrière sa tablette magique, Dadou, le dessinateur d'Eurosport. Notre petit debrief de la journée commence, au fil de la conversation les idées de dessin pour l'introduction du lendemain fusent.

À Noël 2011, profitant de la trêve des confiseurs et avant le début de la traditionnelle tournée des quatre tremplins de saut à ski que j'ai la chance de commenter depuis quinze ans, je rentre au pays entre Méditerranée et Cévennes. Lors d'un repas, Cédric dit « Cisco », l'un de mes meilleurs amis, me fait découvrir une BD sur Louis Nicollin le truculent président du club de football de Montpellier. Dans deux mois, avec la complicité de Jacky Durand, Richard Virenque[1], Christophe Moreau et Stephane Goubert, les consultants d'Eurosport à l'époque, nous lançons une nouvelle émission : *Les Rois de la pédale*. Ma hiérarchie directe souhaite un titre plus neutre. Finalement, à la fin de la traditionnelle soirée de Noël de la boîte, rendue téméraire par les agapes de la nuit, j'ai pu

1. Je ne vais pas faire l'affront de vous le présenter. Je sais qu'il était triste de ne pas être sur le dernier Tour de France. Nous l'étions aussi qu'il ne soit pas des nôtres.

arracher de guerre lasse la validation du nom à Laurent-Éric Le Lay, directeur des antennes de notre chaîne à ce moment-là.

Un titre que l'on retient, une bande de connaisseurs qui ne se prend pas au sérieux et ne perd pas de temps comme les marins d'Audiard à faire des phrases. Quelques traceurs incontournables pour marquer l'identité du programme. Des petits cyclistes de plomb en entrée de champ, la musique du mythique *Le Vélo de Ghislain Lambert*. Sans oublier une rubrique alimentée par les téléspectateurs *via* les interactifs réseaux sociaux, un peu d'argot vélo. Et surtout du temps donné à tous les acteurs de la course. Il ne manquait plus qu'un dessinateur pour lier la belle béchamel.

En télévision comme sur le Tour de France, si vous n'avez pas eu la chance de faire partie des pionniers, il faut chercher à réinventer. À la fin des années 1980, Jacques Chancel dans *À chacun son tour* recevait après chaque étape les acteurs du jour, notre petite entreprise n'en est qu'une humble adaptation. Les pionniers avaient Chenez, nous aurons David Buonomo *alias* Dadou. Je récupère son numéro *via* la Mafia montpelliéraine et je téléphone au dessinateur quelques jours plus tard.

— Moi je suis très foot, mais je bouffe à tous les sports.

— Et le cyclisme ?

— Je regarde le Tour, et dès que l'occasion se présente je vais le voir passer pour faire la fête avec les cousins.

Encore une fois, l'entretien d'embauche téléphonique ne traîna pas. Vingt minutes de conversation suffirent pour signer avec Dadou un bail emphytéotique. Autodidacte du crayon tactile, le Montpelliérain, après plusieurs petits boulots, décide de suivre le conseil de René Char : « Impose ta chance, sers ton bonheur à te regarder faire, ils comprendront. » David Buonomo devient Dadou, il sera dessinateur de presse comme ses idoles Chenez et Gottlib. Vif, inspiré et un poil grattant, il croque depuis le monde du vélo avec une naïveté assumée qui nous ramène directement à l'enfance, celle de notre fameux jardinet.

Dadou est à ce jour le seul sociétaire de notre petite académie du cyclisme qui n'a jamais raté un numéro de l'émission depuis la première le 12 mars 2012, même si nous oublions régulièrement de mettre son nom au générique. Réunis par notre ville natale, et bien d'autres tocs méridionaux, nous avons forgé au cours de ces rendez-vous télévisuels une solide complicité. Nous avons pleuré ensemble sur le plateau des *Rois de la pédale* à Paris lors de la présentation du Tour de France 2017. Avant l'antenne nous avions appris avant la bulle parisienne la mort de Louis Nicollin[1], Loulou pour tous les amateurs de sport. Un an plus tôt, Louis Nicollin, grand passionné de vélo, avait accueilli toute l'équipe des *Rois de la pédale* en short et basket, assis sur une chaise à l'entrée de son musée du sport personnel. Il voulait nous montrer l'installation de sa nouvelle dotation, l'intégralité de l'armoire à souvenirs de Richard Virenque.

Après deux heures de direct, la terrible nouvelle était connue de tous. Depuis de longues minutes j'avais demandé au réalisateur de ne plus montrer notre dessinateur à l'antenne. Sous sa casquette, Dadou pleurait à chaudes larmes celui qui lui avait permis, lui aussi, de marcher vers son rêve.

1. Monsieur qui sans le vouloir m'a montré mon rêve. Fondateur en 1974 du plus grand club de football de la saison 2012, mort le jour de ses 74 ans.

Lors de notre dernière rencontre avec Loulou autour d'un déjeuner partagé à l'occasion du tournoi de tennis ATP qui se déroule chaque année dans la capitale héraultaise, le boulimique de sport m'avait posé la question qui tue :

— Di Grazia, tu crois que je vais voir un Français regagner le Tour avant de crever ?

Après avoir contourné la question, j'avançais l'argument financier. En expliquant au président du MHSC la différence de budget entre les équipes françaises et la Sky ou la BMC de l'époque.

— Président, avec 40 millions d'euros, on peut avoir une Dream Team française et gagner le Tour !

Je suis certain qu'avec vingt ans de moins, Loulou se serait lancé dans ce défi, c'est en tout cas ce que j'ai lu à ce moment-là dans son regard.

Oui Dadou, notre Loulou aurait adoré voir Julian et Thibaut se battre pour un maillot jaune. Il aurait aimé l'étape du jour, où Bardet avec ses moyens du moment a « posé ses couilles sur la table » pour sauver le bilan de son équipe. Et comme nous tous ce soir, il aurait aimé être une grosse souris dans la chambre du petit Pinot.

CHAPITRE VI

12 h 08, Tignes (Savoie)
Avenue de la Grande-Motte

Drôle d'horaire pour une étape, midi vient de passer au moment où nous alignons notre carrosse dans le parking champêtre de la zone technique en contrebas de la ligne d'arrivée à Tignes. Après trois semaines de route et de transferts plus ou moins longs, cette mini-matinée chômée a fait du bien à toute la caravane. La nuit a été longue et blanche. Lecture des communiqués officiels et de tout ce qui a pu s'écrire ou se dire sur l'étape de la veille, le téléphone portable jamais très loin pour converser par textos avec les hôtels des équipes. Coureurs, assistants, directeurs sportifs, journalistes et autres sources pleines d'intérêt, vous seriez surpris du nombre d'insomniaques qu'engendre le Tour. Curieusement, pas de communication avec l'hôtel *Le Crêt Rond*, la Groupama-FDJ ne répond plus. Chaque commentateur a ses petites habitudes, à force ils deviennent des tocs.

La nature ne m'ayant pas attribué un disque dur à la hauteur de ma curiosité, j'ai besoin d'écrire, de noter, de griffonner, de surligner pour assimiler et mettre en forme les informations dans mon cerveau boulimique. Le but, ne jamais être surpris à l'antenne, ça rassure aussi. Je n'oublierai jamais le conseil que m'avait donné Christophe Jammot[1],

1. Journaliste et commentateur spécialisé dans le football et le golf. À l'instar de Patrick Chassé, il fait partie de ceux qui m'ont fait confiance. Merci Christophe.

mon rédacteur de l'époque, en me voyant plongé dans mes petits papiers : « Guillaume, tu travailles trop. Au bout d'un moment, on sait tous faire le "taf", c'est une technique qui vient plus ou moins vite avec le temps. Ce qui fait la différence, c'est ce que tu vas y mettre de toi. Tu es un méridional qui aime les gens et raconter des histoires, fais ça. » Depuis, je m'efforce de suivre ce dogme, mais j'ai toujours besoin d'emmagasiner, de figer par l'écriture un maximum d'infos. Encore une fois, ça me rassure. En ce début d'après-midi, des infos, j'en ai plein ma liste de départ, elles débordent jusque sur mes mains dans un joli gribouillage de stylos-billes laissé par les dernières nouvelles glanées sur le trajet de l'hôtel à la ZT du jour.

Comme souvent, Jacky est d'humeur joviale, notre planning matinal libéré par l'absence de transfert, le double champion de France sur route en a profité pour faire une petite sortie. Dix-huit trous nettoyés à pas de géant, sac de golf sur le dos. Clubs en main, notre Mayennais poursuit sa nouvelle carrière de sportif amateur en se fixant des objectifs impérieux comme lorsqu'il était pro sur un vélo. Au détour d'un green ou d'un bunker, le golfeur à la causette facile en profite pour se familiariser avec la prononciation des villes et des villages traversés par le Tour et glane la moindre anecdote vélocipédique ou autre qui viendra agrémenter notre live d'une fraîche proximité territoriale. Dudu est surtout heureux de retrouver une zone technique proche de la ligne d'arrivée.

Aujourd'hui, pour la première fois depuis quarante-huit heures, nous devrions voir des coureurs avant la fin de l'après-midi. Nous débarquons sur le plateau des *Rois de la pédale* où les équipes techniques œuvrent déjà depuis le début de la matinée. Steve et David profitent du soleil, ils ont enfourché leurs vélos pour rouler sur le final de cette 19e étape. Sur le pupitre du commentateur, au milieu des fils électriques et sous les rouleaux de gaffer, j'aperçois les quotidiens du jour. Un café à la main, je fais ma mise en place. Depuis trois ans nous avons quitté la traditionnelle tribune de presse d'arrivée pour ce spacieux espace à double fonction, cabine pour commenter le live et studio télé pour nos émissions d'accompagnements.

Au deuxième étage de notre espace modulable, à mi-chemin entre les éphémères stades olympiques de ballet et de ski acrobatique des jeux de 1992, nous avons aujourd'hui une incroyable fenêtre sur le Tour. Je prends une pause pour profiter de ce moment de calme et mesurer la chance que j'ai d'être là avec mes complices, pour vivre et faire vivre cette journée aux téléspectateurs d'Eurosport. Il n'y a pas de jour anodin sur le Tour, mais j'ai la certitude que nous allons vivre une journée de légende, cela étant, je suis très loin d'imaginer l'improbable dramaturgie qui allait nous tomber sur la tête.

Pour la première fois, trente ans après Fignon en 1989, j'ai la certitude qu'un Français est en position de remporter le Tour à la pédale.

Tout cela sans offenser Thomas Voeckler, irréductible Gaulois lors de ses deux odyssées en jaune, ni Jean-Christophe Péraud, brillant dauphin d'un requin de Sicile en 2014, et encore moins Romain Bardet qui, en 2016, sans la robustesse des clavicules kenyanes, aurait ramené la coupe omnisport de la Manufacture nationale de Sèvres en Auvergne. Sans froisser non plus Julian Alaphilippe, toujours maillot jaune à quarante-huit heures des Champs-Élysées.

Même s'il m'a fait douter, je n'ai jamais envisagé voir notre attachant Julian en jaune à Paris. Le seul qui possède en ce

26 juillet 2019 les atouts pour mettre fin à cette disette tricolore, c'est Pinot.

13 h 04, Saint-Jean-de-Maurienne (Savoie)
Rue Louis-Sibue – Bus de la Groupama-FDJ

— On va partir avec le même état d'esprit que d'habitude. On va faire la course comme on l'a fait d'habitude. Et puis on verra au fur et à mesure que l'on avancera dans la journée. Après on ne tire pas de plan sur la comète ni dans un sens, ni dans l'autre, Thibaut on verra comment tu avanceras dans la journée. Ça marche ?

Un petit oui, venu du fond de la classe, acquiesce timidement au nom du groupe à la question de Philippe Mauduit, l'un des directeurs sportifs de la Groupama-FDJ.

Les visages sont figés, les traits tirés, la nuit a été longue et pleine de non-dits. Incapable d'escalader seul les escaliers la veille, Pinot est monté dans le bus sur ses deux jambes, son regard reste vide, il scrute son rêve qui passe.

David Gaudu, magnifique premier de cordée dans le Tourmalet, se souvient de ce petit moment de déni collectif : « On a un goût d'inachevé, on a tous ce truc en nous qui nous fait dire qu'on est passés à côté du graal alors qu'on était dans le jeu. La veille sur une jambe, il était encore là, et ça se passait très bien. On se le cachait tous avant le départ, mais on savait que ça allait être très compliqué qu'il termine l'étape. On y a cru malgré tout, parce qu'on s'est dit : "On ne sait jamais, on n'a pas fait tout ça pour rien." »

13 h 39, Saint-Jean-de-Maurienne (Savoie) Rue de la Libération – Ligne du départ fictif

Christian Prudhomme vient d'abandonner sa rutilante voiture rouge en amont du départ. Le pas léger et l'œil goguenard, le patron du Tour se dirige vers la ligne de départ pour la mise en place du protocole. « Le matin, c'était génial, personne ne prévoit le scénario de l'étape. La veille Thibaut avait eu un problème mais on ne savait pas qu'il était sérieusement blessé. Ce que l'on savait, c'est que nous allions assister à une sacrée bagarre et qu'au pire il allait terminer deuxième du Tour de France. Mais nous étions tous loin d'imaginer ce qui allait se passer, le tout concentré en quatre ou cinq heures. » Sur son chemin, Prudhomme prend le temps d'échanger quelques mots empreints d'ironie avec les journalistes présents sous les yeux de François Lemarchand : « Le matin quand il chambre, c'est bon signe, c'est qu'il est en forme. Nous avions tous rêvé de ce 26 juillet, tout se passait bien et au final, nous avons vécu une journée de merde. » Il a raison de sourire, l'ancien journaliste, son Tour est réussi. À l'ombre des immeubles qui encadrent la rue de la Libération, sur la pointe des pieds pour ne pas rater l'arrivée des gladiateurs, la foule du Tour attend ses héros, agglutinée le long des barrières Vauban installées dans la nuit. Depuis presque trois semaines, à grands coups d'efforts déployés, Julian et Thibaut sonnent les grands rassemblements. Jamais depuis le début du siècle cycliste je n'ai pu mesurer une telle attente du public français. Les deux Frères Pétard, comme les a surnommés Prudhomme, ont ouvert le champ des possibles. Protocole oblige, la première ligne du peloton est occupée par les maillots distinctifs et le vainqueur de la veille. Prudhomme commence par serrer la main au maillot blanc, le meilleur jeune, Egan Bernal, occupé à ajuster son oreillette. Puis il interrompt une petite discussion haute en couleur. Casque contre casque, Julian Alaphillipe et Peter Sagan tapent la discute. Au passage, Prudhomme glisse quelques mots à l'oreille du Français. Enfin à sa place avec les ténors du Tour, Romain Bardet mesure le chemin qui mène aux Champs-Élysées pour garder ce maillot à pois acquis de haute lutte, à sa gauche, Nairo Quintana, vainqueur la veille, ajuste une dernière fois ces lunettes.

Que la fête commence !

13 h 43, Tignes (Savoie)
Plateau des *Rois de la pédale*

Départ fictif, dans moins de trois minutes, déjà dix que nous sommes en direct, et presque cinq consacrées au cas Thibaut Pinot. Que s'est-il passé hier ? Pourquoi Pinot, si étincelant dans les Alpes, n'a pas pu suivre Bernal ? Pourquoi n'a-t-il pas pu répondre tout de suite à l'accélération du tenant du titre Geraint Thomas ?

Officiellement, le leader de la Groupama-FDJ, conscient de l'enjeu de ce 26 juillet, a choisi d'éviter les micros pour rester dans sa bulle. Sébastien Reichenbach, le champion de Suisse et coéquipier de Pinot, est envoyé en zone d'interview. Sébastien, c'est le protecteur, le saint-bernard de Thibaut, celui qui doit être en permanence à ses côtés quand la montagne arrive. Comme la veille, lors de la double attaque de la Team Ineos : « C'était important de l'accompagner dans une étape un peu spéciale dans la façon de courir. Ineos a mis en route très tôt, et on n'a pas compris leur tactique. C'était important de montrer à Thibaut que j'étais présent. Il n'avait peut-être pas les meilleures jambes sur cette journée, mais il est allé chercher Thomas dans le dernier hectomètre du Galibier, ça prouve quand même que la condition est là. Maintenant il reste vingt-quatre heures pour faire le meilleur Tour de France de sa vie et je crois qu'il est extrêmement motivé. » Le discours n'a pas changé, l'adversaire non plus, pour le clan Groupama-FDJ, le leader de l'équipe britannique est gallois, pas colombien. Sinon pourquoi a-t-il contré derrière Bernal son coéquipier au risque de ramener avec lui d'autres prédateurs ? « Thibaut est compétiteur, quand on est un champion, on n'aime pas se faire attaquer, c'est pour cela qu'il y avait peut-être un peu de déception à l'arrivée. Mais chaque matin on remet les compteurs à zéro et une nouvelle course commence. »

De deux choses l'une, soit le sympathique Sébastien vit ce Tour de France en quarantaine, soit il vient de brillamment montrer que son rôle autour de Thibaut ne se limite pas à de la protection rapprochée lorsque la route s'élève. Il sait aussi le protéger lorsqu'il faut prendre la parole dans une situation de crise. Règle numéro un, si vous êtes blessé ou dans un mauvais jour, évitez d'aller le claironner sur tous les toits. Le peloton du Tour ne connaît pas la clémence et il n'hésitera pas à se délester d'une « bête » blessée.

À ce moment, aucun de nous sur le plateau ne sait ce qui se trame dans les coulisses de la formation française. Si le scénario de la veille interroge sur la forme de Pinot à l'entame de l'apothéose alpestre, rien pour le moment ne permet d'être définitif. Jacky puis Steve cherchent des raisons d'espérer en revoyant, en images, les différents épisodes de la bataille du Galibier.

Jacky – Quand on a vu le contre de Geraint Thomas, on s'est dit : « C'est parti, on va retrouver deux Ineos en tête. » C'était sans compter sur le travail de Buchmann et de Thibaut Pinot. Pour moi, le plus fort c'était Bernal. Mais on va mettre juste derrière la doublette Pinot-Buchmann.

David – Geraint Thomas a attaqué, mais il s'est fait reprendre avant le sommet.

Steve – Je pense que tout le monde avait de mauvaises sensations, il y avait de la chaleur. Mais je rejoins Sébastien Reichenbach quand il dit que c'est quand même Thibaut qui a fait le jump derrière. Il a profité du travail de Buchmann évidemment, mais derrière, il a encore de l'explosivité pour aller chercher Thomas, moi, je ne me fais aucun doute sur la condition physique de Pinot. Il va retrouver des conditions météo plus fraîches aujourd'hui, cela devrait lui convenir. Bernal il a pris trente secondes assez vite parce que derrière ils se sont un petit peu regardés. Je rejoins Jacky, Bernal hier c'était le meilleur grimpeur, mais il n'a pas écrasé la concurrence.

Quelques mois ont passé depuis cette prise d'antenne et, alors que je termine ce livre, je me demande si finalement, nous n'étions pas dans le déni nous aussi. Difficile de parler pour mes complices, mais à ce moment-là plus que jamais je bois les analyses de nos consultants en n'en filtrant que le positif, jusqu'à ce que David nous ramène à notre crainte principale.

— La seule crainte, c'est que la course s'inverse. Dans les Pyrénées, Pinot a réussi à lâcher Bernal, notamment dans le Prat d'Albis où le Colombien était à bloc dans la roue de

Thibaut Pinot. Et hier je crois que si Thibaut Pinot n'y a pas été, c'est parce qu'il a senti qu'il n'avait peut-être pas les jambes. Chaque jour est différent, on a toujours espoir pour aujourd'hui mais c'est sûr qu'Egan Bernal a marqué des points en montrant qu'il était peut-être le meilleur de la course dans les Alpes.

Un dernier salut romain de Julian Alaphillipe, le public reprend en chœur le compte à rebours amorcé par Marc Chavet et sa voix de crooner du Madison Square Garden, les 156 coureurs s'élancent pour 5 kilomètres de défilé dans les rues pavillonnées aux couleurs du Tour. Les trottoirs jouent à guichets fermés, quelques spectateurs s'agrippent comme ils peuvent aux façades pour tenter de se grandir pendant que des cascades de vivats fusent des balcons de la commune savoyarde de 8 000 habitants. Ils sont beaucoup plus en ce 26 juillet.

13 h 46, Saint-Jean-de-Maurienne (Savoie)
Voitures rouges de l'organisation

Anne Hidalgo, maire de Paris, et Muriel Pénicaud, ministre du Travail, sont les invitées de Christian Prudhomme et de Gilles Maignan, son chauffeur, pour suivre au plus près cette 19e et avant-dernière étape. Innarrêtable, dès qu'il parle de son séculaire protégé, Prudhomme répond à toutes les questions de la maire de Paris et de la ministre du Travail. L'occasion aussi de présenter le dispositif chargé d'encadrer sportivement la course en testant les communications entre les différents étages de la gestion sportive et le PC sécurité installé à Tignes.

Dans la voiture numéro 2 François Lemarchand, quatorze grands tours au compteur, dont dix Tours de France, tous terminés quand il était coureur. Pendant l'étape sa voiture prendra position devant le peloton lorsque la bonne échappée sera partie. Pour accompagner l'ancien vainqueur du Tour de Vendée, Isabelle et Joel Migliore, conseillers événementiel et sportif auprès du maire de Nice d'où sera donné le grand départ de la prochaine édition.

Pas de places pour des invités dans la voiture numéro 3, Thierry Gouvenou, le directeur de l'épreuve, accompagné par Gianluca Crocetti, le président du jury des commissaires, et de Sébastien Piquet, l'homme et la voix de Radio Tour.

Avec toujours un temps d'avance sur l'armada des voitures rouges, Pierre-Yves Thouault a mis les bouts quelques minutes avant le départ fictif. Enclin au partage et à l'échange, le Breton envisage une halte au domicile de villégiature de Laurent Gerra, à l'endroit même où onze mois plus tôt, il avait glissé sous la porte une carte de visite à valeur d'indice avec la complicité de Christian Prudhomme. Thouault présente ses invitées du jour, toutes deux responsables marketing et commerciales chez un des partenaires du Tour, à l'humoriste imitateur.

— Vous allez bien boire un coup de rosé ? lance l'épicurien maître des lieux.

— D'accord mais en vitesse alors.

La portière avant gauche de la voiture est restée ouverte. Depuis le seuil du chalet déserté par Laurent Gerra, parti au frigo en quête du précieux breuvage, Thouault écoute toujours attentivement les différentes fréquences radio. Soudain, une communication retient son attention. L'adjoint de Prudhomme délaisse ses invités et se pose sur le siège passager à l'avant du véhicule. « Je suis encore dans le départ fictif avec mes invités, et on me dit que les secours sont en train de masser quelqu'un de l'organisation à côté du village départ. Quand les secours doivent faire un massage cardiaque, c'est qu'il y a un gros problème et là c'est l'un des nôtres. Je me dis que c'est grave. Je contacte tout de suite le centre de coordination pour qu'il fasse le nécessaire. Nous, nous devons avancer, il faut assurer la continuité. » Thouault revient vers le chalet, tire Laurent Gerra par le bras pour l'amener à l'écart du petit groupe.

— Merci pour le coup de rosé mais on a un collaborateur qui ne va pas bien du tout. Olivier, un photographe, qui bosse pour nous.

— Ce n'est pas possible, je le connais, il m'a pris en photo ce matin au village départ.

Olivier Chabé, 49 ans, travaille depuis plus de deux heures, il prend en photo les people et officiels présents au village départ de Saint-Jean-de-Maurienne. Ce baraquement festif et éphémère se déplace de villes en villages au gré des étapes du parcours. Les invités d'ASO y croisent ceux des communautés locales au milieu d'anciennes gloires de la pédale, miss, et sponsors dans une ambiance de fête foraine.

L'Audomarois, passionné de la chose vélocipédique, travaille pour ASO depuis plus de quinze ans. Nous avions échangé sur notre violon d'Ingres commun à l'occasion d'une édition des 4 Jours de Dunkerque où le natif de Saint-Omer jouait à domicile. Il m'avait raconté son Nord, son vélo club de Saint-Omer chéri pour qui depuis plus de vingt ans il prêtait ses talents de photographe. Affable et discret, Olivier vivait depuis quelques années à Blendecques dans l'agglomération audomaroise où il se sentait utile. Jamais avare de son temps, il était toujours prêt pour filer un coup de main au VCSO, son club de cœur. Au moment de quitter le village départ, Olivier ressent une gêne dans la cage thoracique. Il décide d'aller se reposer quelques instants dans sa voiture pour récupérer un peu. Il fait chaud et lourd ce matin au pied des Alpes.

À pas de sénateur le peloton se rapproche du départ réel. Dans quelques minutes, Christian Prudhomme passera une tête par le toit ouvrant de sa voiture pour libérer les fauves qui pour le moment rongent son pare-chocs arrière. Dure et glaciale comme la grêle qui s'abattra dans l'Iseran tout à l'heure, la terrible nouvelle arrive jusqu'au patron du Tour. « On apprend qu'Olivier Chabé a fait une crise cardiaque, qu'il ne va pas bien du tout. » Au moment du départ fictif, Prudhomme avait remarqué l'absence du photographe, un fait inhabituel pour Olivier connu pour son infaillible ponctualité. Trente minutes passent lorsqu'il apprend la mort de son photographe. « Le plus dur de la journée pour moi, ça a été d'appeler sa maman entre deux réunions avec le préfet. Au départ du Tour, Olivier m'avait offert un stylo quatre couleurs avec la photo de ma femme, de notre fille et de moi. Il me l'avait donné. C'était un mec sympa, un amoureux du vélo et du Tour. C'est pour cela que pour moi tout le reste de ce qui allait se passer dans cette journée serait relatif. Pour moi, appeler sa maman le soir après l'étape, je peux vous dire que c'est ce qu'il y a eu de plus difficile. »

Le patron du Tour est touché au plus profond de lui. Christian Prudhomme n'est pas de ceux qui étalent leurs émotions. Investi d'une charge depuis qu'il a succédé à Jean-Marie Leblanc, le président de la communauté du Tour de France vient de perdre un de ses citoyens. C'est en tout cas comme cela qu'il se comporte avec tous ceux qui travaillent sur le Tour. Il aime savoir qui est qui et qui fait quoi dans cette petite société qui se reforme chaque été et dont il a la responsabilité. Oui, une petite société ! C'est-à-dire un ensemble de personnes qui partagent des normes, des comportements et une culture, et qui interagissent pour former une communauté. Ce sentiment d'appartenance à une communauté forge depuis plus d'un siècle le plaisir indéfinissable de tous ceux qui même pour un instant seulement ont fait partie de cette microsociété du spectacle. Olivier était des nôtres.

Pour le moment, l'article II de la Constitution du Tour prévaut. La course doit continuer et rester dans sa bulle. La bulle, nous l'avons vu, c'est le nom donné à la course au centre de coordination du Tour.

CHAPITRE VII

14 h 18, Tignes (Savoie)
Avenue de la Grande-Motte – Plateau d'Eurosport

Sous une chaleur suffocante, plus de 30 degrés depuis le départ au thermomètre de David Moncoutié, la bulle arrive au pied de la première difficulté répertoriée. La côte de Saint-André, un peu plus de trois bornes à 6,8 % de moyenne, dont le sommet est situé à 101,5 kilomètres de l'arrivée à Tignes. En réalité, si l'on s'attarde sur le profil de l'étape, la route s'élève presque sans répit jusqu'au sommet de l'Iseran, 2 770 mètres d'altitude, avant de plonger enfin vers Val-d'Isère. Soit 89 kilomètres de grimpette sous le cagnard.

À l'avant de la bulle, couchés sur leur machine à plus de 55 kilomètres à l'heure, quatre coureurs se battent pour garder une trentaine de secondes d'avance sur le peloton. Parmi eux, l'esthète italien Vincenzo Nibali et le moins esthète mais pas moins attaquant, l'Irlandais Dan Martin. Les deux *fuoriclasse*[1] sont accompagnés par deux Espagnols, eux aussi en quête de victoire d'étape, Jesús Herrada pour l'équipe au soleil, la Cofidis Solutions Crédits, et en turquoise, le Basque Pello Bilbao de l'équipe Astana. Nous profitons d'une nouvelle interview diffusée à l'antenne pour monter le volume de Radio Tour. Sébastien Piquet à bord de la voiture de Thierry Gouvenou prend en plein pare-brise les premiers lâchés du jour et nous renseigne sur leur identité.

1. Noms donnés par les Italiens aux sportifs au-dessus de la moyenne.

— Messieurs, à l'arrière du peloton, on annonce déjà des coureurs distancés, c'est le cas de William Bonnet.

Un regard complice, Jacky prend ma roue, bientôt rejoint par Steve. La « battle » d'analyse peut commencer.

Jacky – Oui, déjà nous avons vu dans les premiers kilomètres des coureurs devancés, ils sont tous rentrés ensuite. Eh bien là, Radio Tour vient de nous annoncer que l'équipier de Thibaut Pinot, William Bonnet, est en difficulté, lâché à plus de 105 kilomètres de l'arrivée.

Steve – Et devant, regardez, ça grimace entre Bilbao, Nibali, Martin et Jesús Herrada. Ils sont à 100 % !

David – Ils font un numéro ! Quand on voit ce peloton en file indienne et l'écart qui est toujours entre trente et trente-cinq secondes.

Jacky – Dans la tête, c'est dur… Tu te demandes quand le peloton va enfin se relever ?

Nous aussi nous sommes dans notre bulle. D'ailleurs nous n'avons pas remarqué qu'au-dessus de nous, le ciel a déployé son rideau des mauvais jours. Le défaut des hommes est souvent de ne pas prévoir l'orage par beau temps. Des nuages dodus et noirs s'agglutinent aux montagnes environnantes. Après William Bonnet, c'est au tour de Stéphane Rossetto, très en vue depuis Bruxelles, d'être abandonné par l'inébranlable peloton au pied de la côte de Saint-André. À l'avant de la bête, Tony Gallopin et le champion de France Warren Barguil mènent la chasse derrière les quatre fuyards. À 800 mètres du classement du meilleur grimpeur, le maillot jaune, Julian Alaphilippe, traîne en deuxième partie du peloton, dans sa roue, Geraint Thomas et Thibaut Pinot.

14 h 33, côte de Saint-André (Savoie) Voiture de Thierry Gouvenou

Un à un, Pascal Lance, ancien coursier lui aussi, double les attardés, à ses côtés un Thierry Gouvenou qui compatit mais jubile en dressant un premier bilan alors que 20 kilomètres à peine ont été avalés. Il y a de la course, des défaillances, tout se déroule comme dans le *road book* de ses rêves. Les coureurs font honneur à son tracé. Il profite d'être au plus près de la bête, dans ses entrailles, pour regarder la situation avec ses yeux d'ancien coursier, de dur parmi les durs. « Là, ça explose de partout, je dis bien de partout. Il y avait des grappes de quinze. Les courreurs avaient tous le couteau sous la gorge, un spectacle incroyable. Très vite on tombe sur Bardet qui était à la dérive avant le sommet mais dans le deuxième groupe. Et là on voit Pinot ! Je me dis : "C'est incroyable." Au pied du grimpeur, je me demandais ce qu'il faisait dans les derniers. Ça roulait très vite et tu sentais qu'il était perdu. Derrière, ça explose, tout le monde est pendu, cent pour cent au taquet comme ce n'est pas permis, tout le monde se bat et l'autre, il est passé de la 150e place aux quinze premiers du peloton. Il a monté cette côte comme un malade, il est fort, il est très fort. »

14 h 37, Tignes (Savoie) Plateau d'Eurosport

Aujourd'hui pas de plateau-repas, nous avons profité du départ tardif pour déjeuner avant l'antenne. Quelques petits encas sont prévus en cas de fringale. Depuis le début de l'ascension de la côte de Saint-André, nous n'avons pas eu un moment pour nous. Une course de mouvement, pas un temps mort, nous sommes aux anges. Dans mon casque j'ai coupé Radio Tour, pour mieux entendre Paris. Pendant que la course s'enflamme, je dois penser à passer des pages de publicité en essayant de respecter la réglementation en la matière tout en trouvant le moment le moins haletant pour rendre l'antenne, pas facile à cet instant de la course. Le peloton entame la montée d'Aussois, deuxième difficulté répertoriée au menu, quand soudain Jacky prend la parole :

— Je ne sais pas s'il a un problème mécanique mais sur les ondes de Radio Tour, on nous annonce que Thibaut Pinot demande une assistance, soit pour une crevaison, soit peut-être pour du ravitaillement.

Preuve par l'image, dans la seconde qui suit l'intervention de Dudu, l'un des hélicoptères de la course montre le leader de la Groupama-FDJ qui se laisse glisser à l'arrière du peloton des favoris, dépassé à grande vitesse et probablement sans le voir par le champion du Kazakhstan Alexey Lutsenko. Nous constatons avec étonnement que la voiture médicale vient au niveau du dossard 51. Pinot contourne la décapotable blanche pour se positionner côté passager à la hauteur de Florence Pommery, la doc du Tour. Difficile de faire le diagnostic de là où nous sommes. Les premières pensées de nos consultants penchent pour un accident domestique que les coureurs ont tous connu au moins une fois en course ou à l'entraînement.

— Il s'est fait piquer, il s'est fait piquer par une guêpe.

Reprennent en canon Steve et Jacky. Pendant que David diagnostique une tout autre pathologie.

— Ou une contracture ? Je ne sais pas.

La médecin urgentiste et son assistant, placé à l'arrière du véhicule, font ce qu'ils peuvent pour permettre à Pinot de revenir le plus rapidement dans une course qui file à la vitesse d'un cheval au galop. Très vite, ils commencent à découper un bandage, jusqu'alors passé inaperçu, sous le cuissard du blessé.

— On a l'impression qu'il ne peut même pas pédaler, remarque David.

Après avoir enlevé le bandage de Pinot, voilà que l'on rebande la cuisse gauche du 5e du classement général avant de lui passer du froid *via* une bombe aérosol. Il n'est plus question d'une rencontre malencontreuse avec un insecte, la blessure est bien d'ordre musculaire. Pinot tente de se relancer mais il ne peut plus. Pour Jacky et ses deux acolytes :

— C'est fini, c'est fini, il va abandonner.

Hébétés et incrédules devant ce petit drame en direct, nous dissertons déjà sur les faiblesses récurrentes du Français. Cette blessure inattendue nous renvoie à sa mésaventure lors du Giro 2018, où Pinot avait dû quitter ses coéquipiers à cause d'une pneumonie subite à quelques heures d'un podium presque acquis. L'histoire bégaye douloureusement. Thibaut pédale carré, il est incapable de prendre la roue des coureurs attardés qui l'avalent instantanément. Ses équipiers, Anthony Roux et Rudy Mollard présents dans un groupe, le dépassent, ils ont compris eux aussi, depuis la veille et le repas du soir à l'hôtel *Le Crêt Rond*, ils savaient que leur leader était en sursis.

Il n'y a pas de miracle. La course doit continuer. Encore 92 kilomètres, lorsque Pinot met une première fois pied à terre, il veut enlever une seconde fois ce bandage qui lui enserre la cuisse gauche. Déjà cinq trop longues minutes que les caméras suivent cette lente agonie sportive. À l'époque je ne le savais pas, mais cela fait partie du protocole. Lorsqu'un favori pour le classement général est à la voiture médicale, on le garde à l'antenne jusqu'au bout. Les minutes qui suivent seront interminables. De ma gauche j'entends déjà poindre quelques trémolos dans la voix de Steve Chainel, accompagné d'un « Ce n'est pas possible ! ».

14 h 48, montée d'Aussois (Savoie)
Voiture numéro 2 Groupama-FDJ

Depuis quelques minutes, c'est la voiture de Thierry Bricaud qui suit son leader blessé. La voiture numéro 1 de l'équipe, celle de Philippe Mauduit, a dû partir pour reprendre position plus haut dans la course ; dans l'intensité de la bulle, impossible de s'apitoyer, la course continue, Thibaut ne sera pas le premier ni le dernier à voir son rêve anéantir. C'est la loi du genre, un genre cruel mais tellement humain. Bricaud exhorte son poulain : « Abrège. » Ça ne sert à rien de laisser souffrir un animal blessé. Prisonnier de son drame personnel, Pinot a perdu toute lucidité, il ne gagnera pas le Tour cette année, mettre le pied à terre serait se l'avouer.

Finalement, William Bonnet, le grand frère qui a lâché très vite avant la première difficulté, arrive à auteur de celui qu'il veille comme son propre enfant. « Je ne sais pas s'il m'attendait spécialement moi. Il était dans un moment de désarroi. Il savait bien que son rêve qu'il avait touché du doigt était en train de s'écrouler. » William cherche des mots pour adoucir les maux dans un premier temps, il tente de le faire rire. « "Tu n'es pas obligé d'abandonner juste parce que je n'étais plus là quand tu as abandonné sur le Giro l'an dernier." Je lui ai juste dit ça, mais je ne suis pas sûr qu'il s'en rappelle. » En 2018, Bonnet doit abandonner le Giro un jour plus tôt que Pinot. Le staff de l'équipe décide de le faire rester en Italie pour partager un moment attendu par toute l'équipe, un podium final à Rome. Depuis plusieurs jours le leader des bleu-blanc-rouge était malade. Le coup de froid se transformera en pneumonie infectieuse et obligera Pinot à rendre son dossard avant de le priver de Tour. Aujourd'hui alors qu'il touchait au but, Pinot doit encore quitter brusquement la course.

La « rigolo-thérapie » n'a pas l'effet escompté. Prostré sur sa machine, Thibaut tente de pédaler, encore et toujours comme pour reconnecter à son corps cette foutue jambe gauche. Il est en larmes. Il pleure son rêve, ce rêve qu'il caressait dans son for intérieur depuis les Pyrénées ; remporter le Tour de France !

Un rêve partagé par sa garde rapprochée comme William Bonnet : « Physiquement, il était au niveau. C'était le plus fort dans la montagne, même si on ne peut pas imaginer ce qui se serait passé. Peut-être qu'il l'aurait gagné, peut-être qu'il aurait fait un podium. Peut-être aussi qu'il aurait été victime d'un autre pépin, une chute ou un incident mécanique, ça fait partie de son histoire. » Ce Tour, Pinot l'avait dans les jambes. Oui, mais voilà, les jambes ne répondent plus. Comme en 2015 après la terrible chute de William en direction du mur de Huy, comme l'année dernière et leurs abandons à deux jours d'intervalle sur le Giro, ces deux-là forgent leur fraternité dans la douleur. Se faire mal, dépasser cette douleur, c'est la raison d'être du coureur cycliste. Elle est une compagne cruelle mais nécessaire pour celui qui rêve d'un grand destin. Fausto Coppi, le champion des champions, disait qu'il n'était pas plus fort que les autres mais qu'il avait la capacité de se faire mal plus longtemps. Ici et maintenant, pourquoi s'imposer cette douleur, il reste plus de 85 kilomètres, le groupe du maillot jaune et des autres prétendants filent vers l'Iseran. Le Tour va continuer sans Pinot.

Six mois après ce 26 juillet, nous retricotons cette folle journée avec William Bonnet autour d'un café post-*Bistro Vélo*, à l'*Ostéria*, bar-restaurant le plus proche d'Eurosport, bien connu de tous nos invités vélo. Demandez à Thibaut ! « Nous n'en avons pas parlé entre nous, ça s'est passé comme ça. Thibaut n'a pas vu tout ce qui se passait autour, les cameramen, les photographes. Il était déçu pour lui mais surtout pour nous. Pour l'équipe, pour tous ceux qui s'investissent autour de lui. Ça… quand il donne sa confiance à quelqu'un ! » Il faut « abréger », comme le répète encore Thierry Bricaud dans la voiture de la Groupama-FDJ, derrière les deux amis en détresse. William tend une épaule à Pinot, avant de lui parler au creux de l'oreillette, casque contre casque, clopin-clopant, les deux copains pédalent toujours.

— Cela ne sert à rien d'aller plus loin dans la douleur. Personne ne t'en voudra, nous sommes tous fiers de toi. Il y aura d'autres Tours de France, tu verras.

Ce moment, Thibaut le redoute depuis vingt-quatre heures, depuis qu'il sait au fond de son corps qu'il n'est plus physiquement en position d'aller conclure cette quête collective. Pour la seconde fois, il met un pied à terre. Son Tour de France s'arrête dans la montée d'Aussois. La grande explication finale se fera sans lui.

14 h 50, Tignes (Savoie)
Plateau des *Rois de la pédale*

Déjà presque quinze minutes que nous suivons en direct la petite mort de Pinot, en cherchant par tous les moyens possibles une explication. Le passage de l'avant de la bulle au sommet de la montée d'Aussois oblige le réalisateur à nous remontrer l'avant de la course où Tony Gallopin lutte avec Damiano Caruso pour protéger le fragile maillot à pois de son leader Romain Bardet. Le peloton emmené par l'Espagnol Jonathan Castroviejo, équipier de Thomas et Bernal chez Ineos, passe avec quarante secondes de retard sur le groupe de tête. Sonnés comme tout le monde par ce que nous venons de vivre, nous tentons de nous raccrocher à la course, de repositionner nos petits cyclistes sur l'échiquier de la route.

Pour moi, c'est aussi l'occasion de faire un point avec notre régie finale à Paris. Jacky qui connaît par cœur sa partition comprend que le moment est venu de mettre un petit relais appuyé. Je le lance sur le descriptif du groupe de tête qui a évolué depuis la première alerte Pinot. Ils sont maintenant une vingtaine en tête. Toujours volontaire, maître Dudu se lance dans l'énumération des hommes sans jamais oublier de prendre le temps de mettre tout ce beau monde en perspective en fonction des enjeux du jour. Il chausse ses lunettes et saisit sa liste de départ qu'il annote depuis le début de l'étape. *Via* l'engueuloir, une connexion audio qui me relit en permanence avec notre régie finale, j'en profite pour faire un bref point avec nos responsables d'édition à Paris. Raté, encore une fois. Sur notre retour images, nouveau gros plan sur Pinot et Bonnet. La fin est proche.

À ma droite, Jacky, concentré sur sa tâche, ne voit pas que nous sommes revenus sur notre sursitaire. Comme l'albatros de Baudelaire, un peu gauche, j'agite mes grands bras pour le sortir de sa récitation. Ma diversion fonctionne, Jacky coupe son élan. Instantanément, il comprend, agile comme un chat, il retombe sur ses « birkenstocks » en se hâtant sans bâcler sa figure imposée. Panique à bord du studio, de grosses larmes submergent les yeux de Steve. Le visage de Jacky d'ordinaire si accueillant se renferme dans l'instant, il a ses yeux rougis derrière sa grosse paluche gauche. David fixe notre écran géant, il évite nos regards pour ne pas craquer à son tour. C'est à moi de prendre le relais. Les mots ne sortent pas. À la seconde tentative, la voix tremble, la gorge est nouée, des larmes frappent aux paupières.

— William Bonnet, l'ami de Thibaut. Un Thibaut Pinot… en larmes.

Pas assez de souffle, pas besoin de mots pour décrire ce minidrame. En direct et en silence, nous assistons comme des millions de téléspectateurs à ce mauvais rêve.

Une dernière embrassade fraternelle, William Bonnet accompagne du regard son ami jusqu'à la voiture de Thierry Bricaud avant de reprendre sa route.

15 h 05, Iseran (Savoie)
Voiture de Marc Madiot – Manager de Groupama-FDJ

Très loin de la course Marc Madiot vient de passer au sommet du toit du Tour. Depuis la veille, le double vainqueur de Paris-Roubaix devenu manager depuis plus de vingt ans, qui connaît très bien le vélo, ne croit plus au miracle. Remporter le Tour sur une jambe, c'est comme aller à la chasse sans fusil ! Aujourd'hui pas d'invités dans la voiture du patron. Il est libre, Marc.

Depuis plusieurs années, le manager a choisi de ne plus être dans la voiture du directeur sportif comme en 2012 à

Porrentruy pour la première victoire sur la grande boucle du petit Pinot. Ce matin, sa présence charismatique au briefing de Philippe Mauduit n'aurait que rajouté de la pression à une situation presque désespérée. Madiot a suivi la première partie de l'étape en amont de la course, avec comme seul compagnon de route la douce voix de Sébastien Piquet. « Le matin on ne savait pas trop, tant qu'il n'était pas sur le vélo, on ne pouvait pas savoir. On lui avait bloqué la cuisse avec un bandage. On s'est dit : on prend le départ et on verra bien en cours de route. Je n'entendais pas parler de lui. Il ne disait rien sur Radio Tour. Je me suis dit : pas de nouvelles, bonne nouvelle. Quand j'arrive dans l'Iseran, je n'avais plus de radio. Pas de téléphone non plus, là-haut dans la pampa, tu ne captes rien. »

À 2 770 mètres d'altitude, la nature se fait minimaliste, minérale et grandiose. Lorsque le manager de la Groupama atteint enfin le sommet de la route des Grandes Alpes, un panorama unique sur le parc national de la Vanoise s'offre à lui.

« De l'autre côté de l'Iseran, quand je bascule dans la descente, je reprends un petit peu de réseau, j'avais plein de messages. Et là j'ai ma femme qui tente de me joindre. Je rappelle Jennifer et elle me dit :

— Tu es au courant ?

— Non, qu'est-ce qui se passe ?

— Thibaut a abandonné, il est blessé.

« Quand tu arrives dans l'Iseran, tu es dans un endroit de paix. Pas un chien, pas une voiture, pas un bruit, j'étais tout seul dans cette immensité. J'étais en altitude, et quelque part je ressentais de la plénitude. Tu te dis : “On a fait ce que l'on avait à faire. Pas de regrets, on va revenir, c'est tout.” Après tu plonges tout de suite dans la gestion des médias, des partenaires. Mais j'étais serein, je n'ai même pas versé une larme, je n'ai pas tapé sur le volant. Je suis redescendu tranquille. Mon seul objectif à ce moment-là, c'était d'arriver à l'hôtel. »

Lorsqu'il arrive à l'hôtel, de nombreux journalistes font le pied de grue, dans l'attente des premières explications après l'abandon subit de Pinot.

La plupart ont décroché en urgence de la zone technique. *L'Écrin du Val Claret* qui accueille trois équipes ce soir, dont la Groupama-FDJ, est à quelques pas de la ligne d'arrivée à Tignes. Madiot les salue en prenant soin de ne pas s'attarder. Ce qu'il veut maintenant, c'est voir Thibaut, lui parler, trouver les mots pour le réconforter.

18 h 43, Tignes (Savoie)
Hôtel *L'Écrin du Val Claret* – Groupama-FDJ

Seul, les épaules tombantes, Thibaut Pinot pénètre dans sa chambre, suivi par l'objectif discret mais omniprésent de Brice Baubit. Les instants que va filmer le JRI sont rares, il les doit à son talent, à son travail et à la confiance qu'il a su créer avec Thibaut.

En Syrie, l'autodidacte journaliste reporter d'images de France Télévision a partagé la déchirante route des migrants forcés à l'exil par Daech. En 2016 pour *Envoyé spécial*, il a filmé la reconquête de Mossoul en ruine par les forces armées irakiennes et la coalition occidentale. Il est revenu de l'enfer de Raqqa, ville martyre, théâtre des pires exécutions perpétrées par l'État islamique.

En cette fin d'après-midi à Tignes, dans l'obscurité exiguë de cette chambre d'hôtel, il ne s'agit que de sport. « Quand je reviens en arrière, je me dis que j'ai une chance incroyable d'être au plus près des événements. Sur le théâtre des guerres ou sur le Tour de France. Quand j'étais enfant, je regardais Casimir sur mon petit écran, jamais je n'aurais imaginé vivre ça ! De révéler un jour quelques petits pans de l'histoire de l'humanité », confiait-il dans son entretien à *La Nouvelle République*.

Marc Madiot retrouve Pinot assis au bord de son lit, entre ombre et lumière. « On ne s'est pas parlé avant la scène dans sa chambre devant la caméra. Ce ne sont pas des mots qu'il faut trouver. À ce moment-là, tu captes les ondes, les sensations, tu captes le bonhomme. Quand tu es en face ou à côté de l'homme, tu es forcément dans un moment de vérité. Lui, il est dans sa vérité et moi, j'y suis aussi. C'est ta vérité intime qui s'exprime, tu ne peux pas faire semblant, autrement cela se voit.

— Ça n'enlève rien à ce que tu as fait.

— Je n'en peux plus. Qu'est-ce que j'ai fait pour mériter ça ?

— Tu ne mérites pas ce qui t'arrive mais ça peut aussi arriver. Tu as tout bien fait. Tu n'y es pour rien. C'est que cela ne devait pas être pour cette année.

— C'est fini, on arrête.

— Non, mais non, ne dis pas ça ! Ne dis pas aujourd'hui ce que tu regretteras demain.

— J'arrête. Je peux plus là.

— Non, tu as tout bien fait, tu n'as rien à te reprocher. Continue à faire tout bien et un jour ou l'autre, la porte va s'ouvrir. Tu n'as pas le droit, tu es un grand, un homme comme toi, ça ne renonce pas. Tu n'as pas renoncé jusqu'à maintenant depuis que tu es coureur, tu n'as jamais abdiqué. Tu as toujours tout surmonté. Tu as toujours surpassé les moments les plus difficiles. Tu es presque au bout mon grand. Là, c'est un petit accroc du destin. Tu vas y arriver, on va y arriver. Nous, on ne va pas te lâcher. L'équipe est là avec toi, tu es grand ce soir, tu es grand. C'est sûr, tu as vécu un moment qui dévaste. Mais tu vas te poser, tu vas t'exprimer, tu vas dire ce que tu as envie de dire, comme tu as envie de le dire, et après, tout ça va s'évacuer. Et puis demain il fera jour, mon grand.

— Tu m'as déjà dit ça l'an dernier.

— Et alors ? Je m'étais trompé ou pas ? Il ne faut jamais capituler. Tu l'as en toi ce truc-là, tu l'as en toi. Il n'existe pas cinquante personnes qui l'ont en eux. Toi tu l'as. Le destin ne veut pas te donner raison tout de suite. Mais tu vas avoir raison. Nul doute, tu vas avoir raison. »

Entre les mots, il y a les silences et des larmes lourdes de frustration. Sans déni du présent, Madiot tente de raccrocher Pinot à son destin. Pendant ce Tour de France les deux hommes et tout le staff de l'équipe ont acquis la certitude qu'ils étaient en capacité de remporter le Tour à la pédale. Depuis des années, l'investi manager français répète à qui veut l'entendre qu'il souhaite atteindre ce sublime but.

Pour remporter le Tour, deux ingrédients sont indispensables. Un athlète persuadé de pouvoir accomplir l'immense besogne et une équipe performante dotée de vélos rivalisant avec ce qui se fait de mieux. « Nous n'en avons jamais reparlé. Ce sont des moments rares mais l'histoire n'est pas finie. La bordure, et son coup de sang dans le bus, c'est là que j'ai compris qu'il avait envie de gagner le Tour. On ne donne rien ! Avant il ne faisait pas ça. Thibaut, avant le Tour, je ne suis pas sûr qu'il ait eu conscience de ses possibilités, c'est dans les Pyrénées qu'il a fait la bascule. Je ne vis pas avec le traumatisme du Tour 2019, au contraire il avait besoin d'ouvrir une porte. C'est fait. »

Et cette blessure ? Où, comment, pourquoi est-elle arrivée ? Depuis son abandon surprise, elle alimente les fantasmes et les spéculations les plus farfelus[1]. Pinot s'énerve lorsque la rumeur avance l'hypothèse du réveil d'une vieille douleur, séquelle d'une partie de football hors période d'entraînement. Hypothèse accréditée par l'amour immodéré pour le ballon rond du champion cycliste et supporteur revendiqué du Paris Saint-Germain.

Et pourquoi ne pas envisager aussi une autre explication : celle d'un coup de genou pendant une bagarre dans la cour de récréation de l'école primaire du centre à Mélisey, lorsqu'il était en CM2 dans la classe de Monsieur Placiard ?

Non. Le plus étrange dans cette affaire qui alimente les cerveaux fertiles en imagination des passionnés de vélo et de ces fouineurs de journalistes dont je m'en enorgueillis de faire partie, c'est l'étonnante cacophonie des explications dans la maison Madiot. Philippe Mauduit, le directeur sportif numéro 1 de l'équipe sur le Tour 2019, pointera un coup de guidon malencontreux sur un déséquilibre en descente. Incident qui serait survenu lors de l'étape de Gap soit quarante-huit heures avant que Pinot ne mette pied à terre. Pourtant quand Jacky Maillot lui pose la question lors de sa première palpation après Valloire, le patient écarte l'hypothèse du coup de guidon. Pour Pinot les premières perceptions de la douleur arrivent la veille de

1. Eddy Pizzardini, « Retour sur la maudite blessure de Thibaut Pinot sur le Tour de France 2019 », *L'Équipe*, 27 février 2020.

son abandon au pied du col de Vars, au moment de prendre le ravito. Six mois plus tard officiellement, la blessure serait apparue dans la descente de ce même col de Vars. « Et si ce n'est pas ça, c'est qu'on m'a pris pour un con », s'emporte Marc Madiot.

Pour moi, si Thibaut Pinot s'est blessé, c'est qu'il devait se blesser. Pendant toute leur carrière, les sportifs recherchent l'optimisation de leur niveau de performance, leur pic de forme. Cette ascension non répertoriée au classement de la montagne est située sur une ligne de crête périlleuse entre volonté de se surpasser et possibilité de pousser son corps au-delà de ses limites. C'est la somme des efforts physiques et psychologiques consentis par Pinot qui a eu raison de ses espérances et de son corps. Le leader de la Groupama-FDJ comme toutes les mécaniques complexes est fragile, une fragilité héréditaire et assumée. Comme son frère et entraîneur Julien, comme sa maman et sa sœur, il possède un système immunitaire déficient qui favorise l'invasion ou l'attaque de bactéries ou virus. À noter que chaque sportif de haut niveau s'expose de surcroît à ce genre de déficits surtout en période de sollicitation extrême et de pic de forme, la fameuse ligne de crête. Depuis plusieurs saisons, le staff médical de la formation tricolore, qui a été remanié sous la pression du clan Pinot[1], cherche des solutions pour protéger son leader contre les attaques en tous genres. « J'en suis parfaitement conscient. J'ai sans doute un corps qui est plus fragile que d'autres coureurs. Une blessure à la cuisse et une pneumonie, ce sont deux choses différentes. Ma blessure du Tour, elle est partie comme elle est venue. On ne sait pas d'où ça vient. C'est un peu bizarre. »

1. Julien son frère et également entraîneur au sein de la Groupama-FDJ.

Les thérapeutes du sport sont nombreux à penser que le stress peut être une cause de blessures musculaires. Le surentraînement et la fatigue sont les causes principales des blessures chez les sportifs. Mais le facteur psychologique est aussi une donnée prépondérante dans l'apparition d'une blessure. Des études cliniques nord-américaines datant de la fin des années 1980 montrent qu'il y a une corrélation étroite entre le stress et les blessures sportives. Il en ressort qu'un athlète augmente le risque de blessure s'il est placé dans une situation de stress qu'il ne maîtrise pas. Le stress peut perturber l'attention périphérique et détériorer les réflexes. Il s'accompagne également d'une tension musculaire supplémentaire qui peut nuire à la coordination et augmente les probabilités de blessures.

En arrivant en Belgique au départ de cette 106e édition, Pinot et toute son équipe sont venus pour réaliser un bon Tour. Depuis trente ans un bon Tour, pour un coureur français, cela se concrétise avant tout par une victoire d'étape, si elle s'accompagne du port du maillot jaune et d'un top 5 au classement général, on sabre le champagne et on envoie *La Marseillaise*.

Dans ces trois décennies, pris entre les palmarès rayés et la réalité de leurs capteurs de puissance, les coursiers français ont admis qu'ils n'étaient pas invités au festin des rois. Jean-Christophe Péraud et Thibaut Pinot en 2014 puis Romain Bardet en 2016 et 2017 ont remis un pied dans la porte en montant sur le podium final.

Pour Marc Madiot sur ce Tour 2019, Pinot a « ouvert la porte ». En trois jours et dans trois registres différents, il s'est prouvé qu'il était le plus fort de la liste de départ. Le vendredi, il prend la septième place du seul chrono individuel à trente-cinq secondes seulement du spécialiste de l'exercice et vainqueur sortant Geraint Thomas, une performance éclipsée par la victoire solaire du maillot jaune Julian Alaphilippe. Le lendemain à la régulière et avec la bienveillance de ce même Alaphilippe, Pinot s'impose au sommet du Tourmalet en sortant au nez et à la potence de tous les favoris. Le dimanche sur les hauteurs de Foix, il conclut ce week-end de trois jours par un numéro de vainqueur potentiel du classement général après une mise en orbite collective. Dernier à capituler, le futur vainqueur de la grande boucle, Egan Bernal, s'en souvient[1] : « Dans la dernière étape des Pyrénées, on s'est retrouvés tous les deux, j'étais derrière lui et je n'arrivais pas à suivre le rythme, il était le plus fort. »

Pinot a ouvert une porte, mais alors qu'il allait la franchir, elle s'est violemment refermée sur son vaste interne gauche. « Tu l'as en toi ce truc-là, tu l'as en toi. Il n'y a pas cinquante personnes qui l'ont en eux. » Ce truc-là, c'est d'être capable de remporter le Tour. Car même si la liste des capables s'est un peu élargie depuis quelques années, elle reste tout de même succinte. N'en déplaise à Alberto Contador, dont la biographie s'appelle *Querer es poder*[2], il y a une grande différence entre vouloir et pouvoir. Avant ce Tour de France, comme tout jeune qui un jour monte, sur une bicyclette Thibaut voulait gagner le Tour. Depuis cette année, Pinot sait qu'il peut le faire et il a encore de la marge. Ce travail psychologique de se mettre dans la position d'un vainqueur potentiel et d'en accepter le stress, il peut le faire. Sans parler des fameuses cent secondes données entre deux sens giratoires sur la route d'Albi. Une faute d'inattention collective, assumée à tous les niveaux de l'équipe. Il faudra pour gagner le Tour de France progresser encore dans tous les secteurs de la performance, individuellement et collectivement.

1. Théo Gicquel, « Bernal encense Pinot : "Il était plus fort" », Eurosport.fr
2. « Vouloir c'est pouvoir. »

Loin de l'image bucolique qu'il affiche au milieu de son âne et de ses biquettes, autour de son étang où il aime à rêvasser, le vainqueur du Tour de Lombardie 2018 est un gagneur. Cette quête de la première place, de l'excellence, il se l'est fait tatouer sur sa peau en italien : *Solo la vittoria e bella*[1].

Thibaud reviendra sur le Tour, car il se le doit. Comment laisser cette histoire inachevée alors même qu'il a acquis l'intime conviction de pouvoir le faire. Après, il sera temps de passer à d'autres conquêtes. Mais attention, le temps tourne et alors que la génération Bernal est déjà sur le trône, le Néerlandais Mathieu van der Poel et le surdoué belge Remco Evenepoel rêvent déjà de révolution.

1. « Seule la victoire est belle. »

CHAPITRE VIII

15 h 42, Tignes
Plateau des *Rois de la pédale*

Depuis le coup de théâtre Pinot, nous cherchons toutes les informations susceptibles de nous éclairer sur l'origine du mal de celui qui faisait partie il y a encore quelques minutes de la liste des vainqueurs potentiels. Dans un premier temps, un communiqué de la Groupama-FDJ fait état « d'une lésion musculaire à la cuisse gauche datant de la veille », puis c'est Philippe Mauduit qui s'exprime chez des confrères. Le directeur sportif parle « d'un coup de guidon reçu lors de la 17e étape entre le pont du Gard et Gap, il y a quarante-huit heures. À Paris, Erwan Geloen, notre chef d'édition collecte pour nous toutes les informations sur le dossier Pinot. Le chti de naissance, élevé au tube cathodique, missionne les équipes éditoriales de revisionner les images de la veille, stockées dans nos serveurs informatiques. Finalement, au milieu des interviews d'après course, une caméra postée en fond de ligne a saisi une scène passée inaperçue jusqu'à présent. Erwan profite d'une coupure pub pour me briefer rapidement avant de diffuser les images à l'antenne.

— Guigui ! Ça vaut ce que ça vaut mais on a des images de Pinot après l'arrivée hier. On le voit clairement se tenir la jambe gauche.

— OK, on y va.

Dans la précipitation du retour pub, nous diffusons les images alors qu'Alexey Lutsenko et Tony Gallopin ferraillent à l'avant du groupe des échappés pour passer en tête au sprint intermédiaire de Bessans, à 68,5 kilomètres de l'arrivée, dans sept bornes « la bulle » sera dans l'Iseran.

Aidés par Steve Chainel et sans avoir pu le visionner en amont, nous décryptons en direct ce petit document furtif enregistré par les cameramen d'Eurosport. On y voit Pinot sortir de la zone des contrôles antidopage sous le nez de Jacky Maillot, le médecin de l'équipe, qui le dirige ensuite vers Samuel Roces, le kiné en stand-by à quelques mètres de là.

Cette séquence a lieu juste avant la discussion entre les deux hommes, captée par Brice Baubit dans son documentaire, et elle se termine avec Pinot, Roces et Baubit, le son en moins, qui partent vers l'hôtel. On y voit clairement Pinot remonter sur son vélo sans rechausser sa jambe gauche, curieusement ballante et inutilisée. Pinot se touche cette foutue cuisse gauche à plusieurs reprises tout en parlant à son kiné. Pinot est déjà loin, le spectacle continue.

Dès le pied de l'Iseran, la Team Ineos accélère la cadence dans le groupe maillot jaune. Débarrassés de la menace Pinot, ils veulent maintenant en finir avec le sparadrap Alaphilippe toujours collé dans leurs roues. À 8 kilomètres du sommet, les Néerlandais Dylan Van Baarle et Wout Poels font le sale boulot pour préparer le terrain à Thomas et Bernal. Devant, dans ce qui reste du groupe de tête après les premières pentes sur le toit du Tour, Warren Barguil et Simon Yates tournent bien les jambes, ils possèdent encore une petite minute d'avance sur les locomotives britanniques.

Il fait lourd et moite dans notre cabine extralarge en contrebas de la ligne à Tignes. Après chaque fin de prise d'antenne et avant de passer aux commentaires du direct, les techniciens du plateau habillent les vitres de notre bocal de larges pans de feutrine noire. Au dernier étage de notre camion gigogne, le mirador de verre et de ferraille se transforme vite en sauna lorsque le soleil tape aux carreaux.

Je garde un souvenir ému d'une journée de fournaise il y a deux ans où nous avions commenté en tenues de petits baigneurs. Seule la partie nord de notre plateforme reste découverte. Aujourd'hui nous avons une magnifique vue sur le manège du club équestre de Tignes où des enfants, bombes sur la tête et cravaches en main tracent des serpentines sur leurs poneys. À l'intérieur, tous les spots ont été éteints pour éviter un surplus de degrés superflus et nous permettre d'avoir la meilleure visibilité possible sur l'écran qui nous renvoie les images du direct. Derrière nos pupitres, comme des élèves appliqués nous ne manquons pas une miette de notre cours favori. Depuis trois jours, lors de nos récréations d'après étape, nous avons mis le Tour en bouteille. Et si Pinot était le plus fort ? Et s'il y avait de la discorde chez Ineos ? Et si Julian allait au bout ? À coups de si et de franche rigolade nous avons échafaudé les scénarios les plus improbables mais loin, très loin de ce qui allait se passer lors des prochaines trente minutes.

16 h 09, col de l'Iseran
Voiture de Pierre-Yves Thouault

À 2 kilomètres du sommet, Pierre-Yves Thouault bichonne ses invités du jour. L'ancien animateur de colo profite des souvenirs de sa petite balade du mois d'août en compagnie de Christian Pruhomme. « On commence l'étape, et là, on apprend l'abandon de Thibaut Pinot. Je suis dans la montée avec mes invités, on s'arrête comme on l'avait fait avec Christian, et soudain, c'est extraordinaire. »

Six kilomètres en amont de la bulle, le décor est splendide, un peu plus bas, c'est jour de fête sur les pentes du géant de la Vanoise. Les coureurs arrivent, ce qui n'est pas trop tôt pour les spectateurs qui, depuis de longues heures déjà, ont pu trouver une bonne place sur le bord du bitume. Deux nones et Superman partagent le pâté de campagne de l'amitié, plus loin la petite chorale de chanteurs à la gueule de bois entame une ode à la gloire de Julian Alaphilippe. Il y a une heure et demie la caravane a déversé son flot de maillots à pois rouges, de casquettes jaunes et de goodies en tous genres qui ont fini d'habiller les plus récalcitrants au déguisement. Sous leurs nouveaux couvre-chefs, deux retraités de Vendée partagent un verre de muscadet avec un groupe de cyclos venus d'Irlande. Au-delà de la course, la route du Tour, c'est un ruban social où l'inconnu du matin devient le complice de l'après-midi. Comme l'écrivait le poète William Butler Yeats à propos des pubs en Irlande : « Il n'y a pas d'étrangers ici mais simplement des amis que vous n'avez pas encore rencontrés. » Au volant de la voiture d'ASO prête à partir, David Lefèvre écoute l'ensemble des communications internes à la course. Cette programmation hétéroclite accompagne les deux hommes en toute circonstance. Thouault marque un temps d'arrêt dans ses explications de vieux chamois : « À la radio, j'ai toutes les liaisons et j'entends des choses anormales. Ça sent la mauvaise journée. Nous sommes à deux kilomètres du haut. Je me dis qu'il est temps d'arrêter de faire des photos, il faut monter au sommet de l'Iseran et vite. » Le trio remonte dans la voiture qui repart donc vers le sommet de l'Iseran.

— David, qu'est-ce qui se passe ?

— Episode de grêle je ne sais pas pouquoi.

— La grêle, où ? Ce n'est pas possible. Le temps est magnifique ici.

Chapitre VIII

Le directeur adjoint du Tour s'entretient avec Prudhomme. Thouault qui sait que la ministre du Travail et la maire de Paris sont dans la voiture mesure et pèse chacun de ses mots.

— Christian, ne t'affole pas, laisse-moi faire.

Très vite, Pierre-Yves s'aperçoit que les mots lui manquent. Il y a urgence, pas de place pour la litote, il vaut mieux appeler un chat un chat et un emmerdement un emmerdement, comme c'est le cas dans les situations de crise. Il prend son téléphone portable et appelle Prudhomme sur sa ligne directe.

— Écoute, Christian. Je suis à deux kilomètres de l'Iseran. Je décroche dare-dare, on fonce vers l'arrivée. Ne prends aucune décision. Tu dis à Thierry qu'on ne prend aucune décision. Je veux aller voir ce qui se passe.

Aussitôt dit, aussitôt partis. « Chtio » Lefèvre embraye, finie la petite balade alpestre, l'ancien vainqueur de l'étoile de Bessèges passe en conduite mode course. David Lefèvre, Gilles Maignan, Pascal Lino et Pascal Lance qui conduisent les quatre voitures principales de l'organisation sont d'anciens coureurs professionnels, une qualité indispensable lorsqu'il s'agit de conduire en urgence sur la route du Tour. Spectateurs imprudents, grappillons de cyclos en goguette, pour anticiper le trafic au milieu d'un peloton à allure de course, l'œil et les réflexes doivent être exercés à ce genre de pilotage. Depuis plusieurs années, être un ancien pro est un critère de sélection indispensable pour conduire un véhicule en course. Des stages sont régulièrement organisés pour valider la formation des pilotes. S'il vous arrive de vous retrouver dans un véhicule sur une course cycliste, en plus de votre ceinture de sécurité obligatoire, pensez à regarder tous les endroits qui vous permettront de vous agripper et surtout éviter de manger dans les descentes.

16 h 14, col de l'Iseran
Voiture de Thierry Gouvenou

— Distancé à l'arrière du peloton le 87, le 87 pour l'équipe Jumbo-Visma Mike Teunissen, également distancé le 196, le 196…

Un par un, les voitures de queue remontent les « morts » qui depuis le début du col se détachent du peloton comme des fruits trop mûrs. Les uns après les autres, les coureurs qui ne peuvent plus suivre le rythme dégringolent du groupe principal à la recherche du gruppetto. Sébastien Piquet, toujours calme et méthodique, recense pour Radio Tour les coureurs qui arrivent dans le pare-brise. À l'avant, à côté de l'imperturbable Pascal Lance dit « Papy », il continue de slalomer entre les attardés et les spectateurs. Thierry Gouvenou écoute religieusement toutes les infos courses lorsqu'il reçoit une alerte. « En course, c'est compliqué, il y a tellement de monde sur le bord des routes que les communications sont parfois saturées. Tu n'as pas toujours l'info quand tu veux. Nous avons beaucoup de fréquences dans la voiture. J'en ai cinq en tout, mais pas le canal sécurité. François Lemarchand devant le peloton et Christian Prudhomme derrière les échappés l'ont. Depuis l'année dernière et le blocage de la route à Carcassonne par les agriculteurs, je leur ai dit que quand il se passe quelque chose d'important, il faut basculer sur un canal spécial où l'on peut échanger clairement. Autrement, il est très difficile de communiquer. »

En trois minutes la situation évolue, Christian Prudhomme fait le point. Le patron du Tour est en relation direct avec le centre de coordination créé en 2016 qui centralise toutes les informations annexes à la course. À Tignes, dans le bus de cette sorte de PC sécurité, Florian Vuillaume, Savoyard de naissance, joue presque à domicile. Comme Thouault, Vuillaume est un enfant de la balle. Arrivé en stage chez ASO il y a presque vingt ans, ancien commissaire général de la caravane, à 39 ans, Vuillaume dirige ce très sensible service né en grande partie à cause des menaces d'attentats. En relation permanente avec les différents services de l'Etat, il doit protéger et prévenir la bulle en cas de danger. En service aujourd'hui à ses côtés, Louis Laugier, Préfet de Savoie et représentant de l'Etat[1].

Prudhomme fait la synthèse des dernières infos à destination de la voiture-balai du dispositif. Pour le moment, ceux qui doivent gérer le sportif ne savent pas grand-chose. Différents messages envoyés au centre de coordination font état d'un orage de grêle sur le parcours de la course. Florian Vuillaume est en liaison avec les services de Météo France pour voir l'évolution des intempéries. Thouault se rend sur place pour mesurer l'étendue de l'obstacle. En attendant, il est urgent de ne pas prendre de décision, la course continue.

La chute de William Bonnet en direction de Huy, la course pédestre de Froome dans le Ventoux ou les manifestations à Carcassonne l'an dernier, depuis qu'il a pris la place de Jean-François Pescheux, Gouvenou a acquis une solide expérience des gestions de crise. « C'est l'expérience des ennuis que l'on a eus à gérer qui m'aide. On fait confiance aux collègues. Des infos d'alerte, il en arrive souvent. Il faut faire le tri. D'une personne à une autre, tout le monde ne réagit pas de la même façon. »

Loin de lui, à l'avant de la bulle, les survivants de l'échappée sont à 6 kilomètres du sommet, à plus de 2 300 mètres

1. « Le jour où le Tour s'arrêta », *L'Équipe*, 31 décembre 2019.

d'altitude, l'oxygène se fait plus rare. Vincenzo Nibali, gueule ouverte, emmène Damiano Caruso qui veut marquer des points pour le classement de la montagne. Dans les roues des deux coéquipiers de la Bahrain-Merida, les champions du monde et de France tirent la langue, Alejandro Valverde et Warren Barguil se font violence pour tenter de faire la bascule à l'avant de la bulle. Ils sont encore neuf dans ce groupe conclu par Simon Yates qui pour le moment profite du labeur des deux Transalpins. Trente-quatre secondes plus bas, le groupe Julian Alaphilippe est aussi dans les plus forts pourcentages de la montée, la pente dépasse maintenant les dix pourcents d'inclinaison. Le travail de sape de la Team Ineos fonctionne, Nairo Quintana, vainqueur la veille, capitule quelques secondes après l'Espagnol Enric Mas, dernier équipier du maillot jaune.

En tête du groupe des favoris, Wout Poels assure seul le tempo élevé après que Van Baarle a mis le clignotant. Julian se bat seul contre sa douleur, il suit pour le moment Egan Bernal. La route est sèche, mais à plus de 2 000 mètres la température diminue, plus haut on aperçoit ici et là quelques tas de neige, vestiges du dernier hiver. Sportivement c'est le *statu quo*, dans vingt minutes, ils seront dans la descente vers Val-d'Isère. Ils ne le savent pas encore mais au même moment un déluge de grêle s'abat sur le pied de la dernière ascension du jour.

16 h 18, col de l'Iseran
Voiture de Christian Prudhomme

Prudhomme vient de terminer sa communication avec Thierry Gouvenou, il attend maintenant des nouvelles de son bras droit Pierre-Yves Thouault. « Nous avions en tête l'arrivée à Bastia en 2013. » Le bus coincé sous le portique d'arrivée, les sueurs froides et la route à 500 000 euros de Paul Giacobbi, mais surtout les leçons apprises de cette péripétie insulaire. « C'est un match de tennis que l'on joue point par point. Pierre-Yves devant, Thierry derrière avec le président du collège des commissaires, ce qui est absolument essentiel, et moi. Et tout ça bouge tout le temps. On avance avec les informations transmises par le centre de coordination. À ce moment-là, il nous parle d'images envoyées par nos équipes en amont de la course mais on ne voyait rien. Tout cela ne peut fonctionner que si l'on se fait une confiance aveugle au sens propre. Ce jour-là, Pierre-Yves a fait le boulot de François Lemarchand car il devait rester au cœur de la bulle avec les coureurs pour leur annoncer le danger. »

Sous le regard de la ministre du Travail et de la maire de Paris, Prudhomme est conscient de sa responsabilité. C'est lui, en concertation avec Thierry Gouvenou et Gianluca Crocetti, le président du jury des commissaires, qui aura le cut, qui devra prendre ou pas la décision de neutraliser ou d'arrêter la course.

Terminer la course maintenant signifie ne pas avoir de classement. Si l'épisode de grêle se confirme, il sera impossible d'aller jusqu'à Tignes où se trouve la ligne d'arrivée, la seule capable réglementairement de valider un ordre de passage grâce à la photo-finish.

Rappelez-vous l'épisode de Bastia. Cette fois, pas de rond-point, ni de ligne des 3 kilomètres, il faut donc se référer au cas particulier. Petite mise en situation du règlement de l'UCI. Selon son article 2.2.029 : « … En cas d'incident exceptionnel risquant de fausser le déroulement d'une étape, le directeur de l'organisation, après accord du collège des commissaires, peut, à tout moment, après en avoir informé les chronométreurs :

1- modifier le parcours ;
2- déterminer une neutralisation temporaire de l'étape ;
3- arrêter l'étape et donner un nouveau départ ;
4- annuler l'étape.

Ensuite le président du collège des commissaires, Gianluca Crocetti, en consultation avec l'organisateur, pourra annuler ou conserver les écarts lors de la neutralisation en tenant compte des écarts enregistrés au moment de l'incident ou considérer l'étape comme non disputée. »

Radio Tour sonne le début des grandes manœuvres :

— Attaque de Geraint Thomas dans le peloton maillot jaune.

Le tenant du titre est le premier à bouger, dans la roue de son coéquipier Wout Poels, le Gallois fait parler les watts, 5 mètres derrière lui Bernal étudie la réaction du maillot jaune. Dans sa voiture, François Lemarchand suit les premières escarmouches en attendant lui aussi des nouvelles de Thouault.

16 h 20, début de descente du col de l'Iseran
Voiture de Pierre-Yves Thouault

Pendant que David Lefèvre jongle avec les virages, notre hussard jongle avec les communications. Les dernières nouvelles du centre de coordination confirment l'imminence du danger. Sur les réseaux sociaux de nombreuses vidéos amateurs montrent un déluge à rendre jaloux Noé et son arche. Météo France confirme un important épisode de grêle localisé aux alentours de Val-d'Isère, situé à 18 kilomètres par la route du sommet, dans la descente. L'avion qui tourne en boucle au-dessus de la course pour assurer la transmission des images est pris dans une tempête de grêlons. « Quand on fait la bascule en haut de l'Iseran, il n'y a pas un nuage, il n'y a rien. C'est pour ça que je dis à Christian : "Ne prends pas de décision." J'entendais Thierry qui disait : "OK, OK." Je décide d'appeler Florian Vuillaume au centre de coordination. »

— On n'arrête pas la course, je veux aller voir.
— Tu n'auras pas le temps.
— Si, si, j'aurai le temps. On a basculé, on va mettre plein gaz. Et vous, dites-moi exactement où est le problème. Vous sortez les déneigeuses, on peut faire un biseau pour passer sur 2 mètres.

Dans sa main gauche, le téléphone portable du premier de cordée vient de récupérer du réseau en passant la crête du col. « Managers, assistants, journalistes, tout le monde m'appelle, je ne réponds pas, il faut que je parle au préfet. »

— Monsieur le préfet, la décision, on la prendra mais ce n'est pas vous qui allez la prendre.

Dans le centre de coordination, tout le monde retient son souffle. Le maire de Tignes contacte son homologue de Val-d'Isère pour diligenter en urgence des véhicules de déneigement. À distance, Vuillaume guide la voiture à l'avant de la bulle.

— C'est où, dites-moi ?
— À la sortie du premier tunnel.

Le tunnel de la Daille est situé à exactement à 17 km 500 du sommet. Thouault contacte François Lemarchand qui suit le groupe de tête pour savoir exactement où se trouve la course. Le groupe maillot jaune est à un peu plus de 5 kilomètres du grimpeur. Alaphillipe vient de perdre le contact, Bernal attaque à son tour. À plus de 2 500 mètres d'altitude, l'aigle qui ne se sent en sécurité que dans les déserts ou au sommet des montagnes déploie ses ailes. À 22 ans, l'ancien étudiant en communication et passionné de journalisme sait que celui qui veut bâtir haut bâtit sur la montagne.

Les invités de Thouault et de Lefèvre sont malades. Impossible de descendre en marche, l'ancien pro soigne ses trajectoires et fait crisser ses pneumatiques, encouragé par son copilote.

— Roule, roule, roule !!!

16 h 24, col de l'Iseran
Voiture de François Lemarchand

En relation avec Thouault et Prudhomme *via* le canal sécurité, François Lemarchand fait le lien avec le cœur de la bulle. Le groupe maillot jaune vient d'exploser. Pascal Lino, son pilote qui avait porté le maillot jaune onze jours en 1992, assiste aux premières loges à la lente dégringolade d'Alaphilippe. Dix, vingt, puis trente secondes de rendues à Bernal.

Dans la roue du maillot blanc, seuls Barguil, Nibali et Simon Yates tiennent encore la comparaison. Aucun d'entre eux ne sait ce qui les attend dans la descente, pas plus que Lemarchand qui espère toujours des nouvelles de Thouault. « Les kilomètres défilaient très vite, 5, puis 4 puis 3. Il y avait beaucoup de sources d'information et d'infos différentes. Il fallait attendre pour préserver l'aspect sportif. La grêle, quand tu as été coureur, tu sais que ça passe vite. Le but, c'était de ne pas prendre de décision avant de passer l'Iseran. Et d'ailleurs au passage de l'Iseran, on part pour continuer. » La dernière info arrive du centre de coordination. Elle est immédiatement transmise aux voitures d'ASO dans la bulle. Les gardes républicains, venus sur la course pour assurer la visite de la ministre du Travail, viennent de constater que la route était bloquée par des grêlons à la sortie de Val-d'Isère. Dans six minutes, la bulle basculera vers l'inconnu. Thierry Gouvenou, qui n'a pas le canal sécurité, réagit en décalé.

— Messieurs, si on décide d'arrêter, il faudra le faire le plus vite possible. Car le seul endroit où on peut prendre des temps, c'est au sommet.

Puis enfin, la voix de l'éclaireur Thouault, qui arrive au tunnel de la Daille :

— La course n'est pas arrêtée ! On attend, on attend, il n'y a rien du tout, la route est dégagée. Christian, on ne prend aucune décision ! C'est moi qui prendrai la décision.

Il reste 1 km 500, François Lemarchand contacte Gouvenou.

— Thierry passe sur le canal sécurité, on est dans le dur.

16 h 26, col de l'Iseran
Voiture de Thierry Gouvenou

Assis à l'avant, Sébastien Piquet s'applique à donner un maximum d'écart et d'informations sur la course sur les ondes de Radio Tour. « Dans mon souvenir, tout s'est passé très calmement, les premières infos sur les intempéries sont venues de Pierre-Yves Thouault. Des prévisions de grêle d'après ce qu'on a compris. Il fallait essayer d'anticiper. » Derrière lui, Thierry Gouvenou, le directeur de l'épreuve, et Gianluca Crocetti, président du jury des commissaires, mesurent l'exceptionnalité réglementaire de la situation. Les deux hommes se connaissent bien.

Contrairement à Gouvenou, Crocetti n'est pas passé pro. Le Toscan tâte du guidon jusqu'à ses 17 ans au Velo Sport Pontremoli dans sa Toscane natale, « avec de très mauvais résultats ». L'année suivante il s'inscrit à la formation d'arbitre de sa région. « J'ai commencé à 18 ans. J'ai évolué des catégories de jeunes aux élites, en passant par toutes les étapes. » C'est sur les bancs de l'UCI que Crocetti croise Gouvenou. Comme l'Italien, l'ancien coureur est juge international pour l'institution suisse. Les deux hommes se rencontrent fréquemment lors des nombreux séminaires de réflexion et d'information sur l'évolution des règlements officiels.

Un obstacle de grêle entrave le parcours du Tour après 18 kilomètres de vertigineuse descente ; plus la montagne est haute, plus basse est la vallée. En haut, dans moins de cinq minutes, la bulle basculera pour atteindre les 85 kilomètres-heure, attisée par la lutte féroce pour le classement général. Dans la voiture des responsables du sportif, il faut agir. Si la course n'arrive pas à bon port, il n'y aura pas d'arrivée. Pas d'arrivée, pas de classement, pas de classement, pas d'écart. La continuité du sportif est en danger.

— Gianluca, il faut que l'on prenne des temps à l'Iseran.

— Tu as raison, prends les temps, on verra bien après comment ça va se passer.

L'Italien, qui est en relation permanente avec les arbitres-motos *via* un canal spécifique, prévient ses hommes à l'intérieur de la bulle. L'ordre est donné d'abandonner la course pour prendre tous les temps possibles au sommet de l'Iseran. « C'était une situation extrême, mais on a réussi à la gérer de la meilleure manière possible. En quelques secondes, on a pris cette décision importante en concertation avec Thierry. Nous n'avons pas eu besoin de parler beaucoup, nous sommes allés droit à l'essentiel. À chaque fois que je pense à cette journée, je suis très fier de mon équipe, parce que tout le monde s'est donné à 100 %. On n'avait aucun outil électronique, on a pris les temps manuellement. »

À l'Iseran, il y a une ligne ! Pas une ligne d'arrivée équipée de la photo-finish seule habilitée à valider des écarts, mais au moins il y a une ligne. Depuis la première alerte météo, Gouvenou envisage toutes les options que lui offre le règlement de l'UCI : « Dès le moment où l'on me dit qu'il va y avoir un gros problème à Val-d'Isère, je me dis qu'il faut prendre des temps pour pouvoir faire un classement. Au début quand je prends la décision, je veux tous les temps, et ensuite je verrai ce que je vais en faire. Je ne sais pas que l'étape va être arrêtée quand je prends cette décision. Le temps de réaction pour envoyer les collègues prendre les temps est de quatre à cinq minutes. Certains avaient passé déjà la ligne et sont remontés à pied à contresens. Les temps, ils ne seront pas précis au dixième, mais dans la troisième semaine du Tour, les dixièmes n'ont plus une grande importance. Si tu agis ainsi en première semaine, quand ça peut changer le maillot jaune, c'est une autre histoire. Au moment où je prends la décision de prendre les temps, je commence à me dire qu'il risque d'y avoir un gros problème. J'ai encore l'espoir que ça aille au bout. Parce que c'est déjà arrivé que nous soyons en difficulté et finalement nous sommes allés jusqu'au bout. Les coureurs arrivent jusqu'en haut, et nous on explique que rien ne s'est passé. Tous les chronos sont à zéro et on annule tout. »

16 h 29, tunnel du Rossetti
Voiture de Pierre-Yves Thouault

Lorsque Thouault sort du tunnel de la Daille, il n'y a pas plus de grêlons que de marmottes, la route est praticable. À 1 kilomètre, juste avant la Reculaz, le parcours passe sous un second tunnel : le tunnel du Rossetti. « Je rentre dans le second tunnel et tout au bout je vois Bradley Wiggins qui essaye de passer avec la Moto d'Eurosport. Et il passe le bougre ! »

Enfin sur le lieu, il descend de la voiture. La route est blanche, recouverte d'un tapis de grêlons sur 10 centimètres de hauteur. Il ne pleut plus, mais du flanc de la montagne se déverse un torrent d'eau de pluie qui finit sa course sur le bitume. Sur place le chasse-neige envoyé par la mairie de Val-d'Isère tente de déblayer un passage dans cette soupe de glaçons.

— Est-ce que vous pouvez faire un biseau de 2 mètres, juste 2 mètres ?

— Je voudrais bien, on essaye ! Sauf que la chaussée est en pente et que ça revient comme une vague sans fin.

Pierre-Yves ! David Lefèvre rappelle l'apprenti conducteur de travaux. Nouvelle info en provenance du centre de coordination. Une coulée de boue barre le parcours quelques hectomètres plus loin. Thouault laisse son numéro de portable aux employés municipaux et revient en direction de la voiture qui vient de franchir le glacial marécage.

— Vous essayez et vous me rappelez.

Grâce à la promenade du mois d'août dernier, l'adjoint de Prudhomme connaît parfaitement les lieux. Il sait qu'un peu plus loin, sur la gauche, il y a un barrage équipé d'une route qui mène directement vers Tignes. Lorsque les organisateurs ont tracé cette 19e étape, ils ont choisi de ne pas l'emprunter pour allonger l'ascension finale vers Tignes. Si la déneigeuse endigue le ressac de la vague de l'eau et de la grêle, il suffira de dévier la course en passant sur le barrage pour ensuite reprendre le tracé initial. Immédiatement il se branche sur le canal de sécurité.

— Ça ne passe pas ! Mais laissez-nous un peu de temps, pour voir si on peut évacuer la grêle. Ensuite on pourra tourner sur le barrage pour éviter cette sacrée coulée de boue. On fait un « zigouigoui » et on est bon.

« Je me souviens au centre de coordination, le préfet était dans tous ses états. En fait je crois que personne, à part Jean-Christophe Monin (le pilote de Christian Prudhomme), ne comprenait ce que je voulais faire. Je lui disais : "Jean-Mi, tu as compris ? Parce que les autres ils n'ont rien pigé !" Je savais qu'on pouvait le faire. Il fallait dégager la grêle à la sortie du tunnel ou passer en neutralisant la course. On pouvait mettre un drapeau rouge pour prévenir les coureurs, j'ai déjà connu ce genre de situation dans le passé avec des éboulements. » Ce qu'il n'avait pas prévu, c'est que le barrage de Val-d'Isère était devenu en quelques minutes un belvédère courtisé par de nombreux accrédités de la course. De Tignes, les assistants des équipes et quelques journalistes sont redescendus avec leurs véhicules pour se rendre compte de la situation. Lorsque Thoualt se présente au barrage, à la grande surprise du commandant de gendarmerie sur place, l'édifice ressemble plus à un parking de supermarché au moment des soldes.

— Monsieur ! Qu'est-ce que vous faites ici ?

— J'en prends l'entière responsabilité. Prenez ma carte d'identité mais vous allez me dégager ce barrage.

Dans une minute, Bernal passera seul le toit du Tour au bon souvenir d'Henri Desgrange[1]. Sur les traces aujourd'hui goudronnées de Bartali et Bobet, le jeune Colombien écrit son histoire. Mais avant d'entrer dans la légende, dans dix minutes, il rentrera dans le tunnel du Rossetti. Les plus gros orages arrivent souvent aux moments des moissons.

1. Le souvenir Henri-Desgrange est un prix créé en 1947 qui rend chaque année hommage au créateur du Tour de France. Il est décerné au coureur passant en tête au sommet du col le plus haut de l'édition 2019.

CHAPITRE IX

16 h 35, col de l'Iseran
Ligne du classement de la montagne

À 2 770 mètres d'altitude, Bernal, seul, franchit le sommet de l'Iseran. Treize secondes plus tard, Simon Yates se jette dans la descente. Après son festin pyrénéen, le Britannique veut une part de gâteau de Savoie. Dans son maillot de champion de France, Warren Barguil concède quarante secondes à Bernal.

Concentré sur la ligne du classement de la montagne, Guillaume Verger, dictaphone dans une main et chronomètre dans l'autre, note et enregistre les positions et les écarts de chaque coureur ou groupe de coureurs. « Quand j'arrive à l'Iseran, il fait beau mais je vois qu'il fait très sombre sur le lieu de la bascule, il y a de gros nuages noirs. Il y avait deux gendarmes placés à droite et à gauche de la ligne du grimpeur. Je leur ai demandé s'il pleuvait en bas. Ils m'ont juste dit que selon leurs informations la pluie tombait. Ils m'ont juste dit ça. Je ne savais pas qu'il y avait un orage. »

Guillaume Verger est pour la première fois de sa carrière d'arbitre juge à l'arrivée sur le Tour de France. Prévoyant, le Castelbriantais enfile ses vêtements de pluie, lorsque dans son oreillette Gianluca Crocetti s'adresse à lui :

— Guillaume, est-ce que tu es sur la ligne du classement des grimpeurs ?

— Oui.
— Prends le maximum de coureurs avec les temps.

En règle générale, pas besoin de prendre des écarts au passage d'un classement de la montagne. Ce sont les places qui attribuent les points nécessaires pour établir le classement du meilleur grimpeur. Guillaume Verger participe à son deuxième Tour de France. En 2016, il faisait partie des six arbitres-motos qui sont repartis sur chaque échelon de la course à l'intérieur de la bulle. Cette année-là, le Castelbriantais avait déjà touché l'exceptionnel de sa fonction avec Froome galopant sans son vélo dans le Ventoux, un cas d'école pour tous les arbitres de l'UCI.

Pour sa seconde désignation, Guillaume Verger, responsable des arbitres dans sa région Loire-Atlantique, est juge à l'arrivée. C'est lui qui, avec les chronométreurs officiels, établit et valide le classement de toutes les arrivées d'étapes. « Lorsque le président des commissaires me dit de prendre un maximum de coureurs sur la ligne avec les temps, je n'ai pas d'autres informations. Je ne sais pas qu'il y a eu un violent orage de grêle, qui a entraîné une coulée de boue, et que le parcours est impraticable. »

En attendant le renfort des arbitres-motos qui convergent vers le sommet, Verger s'organise avec les moyens du moment. Il missionne son pilote-moto de filmer avec un téléphone portable le passage des groupes sur la ligne. « J'ai ressenti beaucoup de solitude une fois en haut. Il n'y avait pas grand monde autour de moi. Les informations viennent très difficilement, les transmissions sont très complexes. »

Le 2, le 108, le 211, Verger note chaque dossard dans l'ordre des passages pour le classement des grimpeurs pendant qu'avec son chronomètre il prend des écarts.

Un premier petit peloton s'extirpe des pourcentages. Sept coureurs franchissent enfin le sommet avec cinquante-huit secondes de retard sur le maillot blanc. Parmi eux, son coéquipier Thomas est accompagné des autres prétendants au classement général : Kruijswijk, Buchmann, Uran et Landa. « J'ai mon dictaphone, cela me permet de prendre la composition des groupes. Quand ils passent un par un, ça va, surtout qu'avec les pourcentages ils ne sont pas à vive allure. Les premiers passent, je prends mon classement du grimpeur et les temps. Techniquement, c'est un peu compliqué parce que je suis seul avec mon pilote. Il faut noter à la fois les numéros ainsi que les temps. C'est un peu compliqué parce que je n'ai que deux mains comme tout le monde. Je donne mon téléphone portable à mon pilote et je lui dis : "Quand tu as un groupe, tu filmes. Comme ça j'aurai la composition du groupe en vidéo." »

Avec plus de deux minutes de retard sur le dossard numéro 2, un autre coureur approche, Guillaume Verger n'a pas besoin de vérifier son dossard, il enregistre instantanément le temps du maillot jaune. La ligne franchie, Julian Alaphilippe récupère un bidon tendu par un assistant de l'équipe Wanty-Gobert. La veille, dans la descente du Galibier, il avait endigué le retard concédé sur la dernière montée de l'étape.

Julian est un casse-cou, doté de cette faculté inconsciente mais nécessaire que possèdent les grands descendeurs, celle de pouvoir débrancher le cerveau. Il doit faire la descente à fond, en faisant abstraction des dangers qui peuvent surgir au détour d'un virage. C'est à ce prix qu'il sauvera sa toison d'or comme l'avait fait Gino « le pieux[1] » Bartali en 1938. Le maillot jaune a déjà disparu, happé par les premiers lacets de la scabreuse descente, lorsqu'un deuxième arbitre-moto arrive à la rescousse de Guillaume Verger et de son pilote. Tout de suite il lui propose de l'aider à prendre la composition des groupes.

« Il me dit qu'il va me donner un coup de main. Mais moi je dois prendre le classement à l'arrivée. Je suis prêt à remonter sur la moto et à foncer vers Tignes. »

La course continue, plus intense et animale que jamais. Personne ne sait que dans quelques secondes elle s'arrêtera définitivement.

Réglementairement, le juge à l'arrivée doit être dans le chronopôle à côté de Sébastien Crépin et de Bruno Thomas pour valider le classement d'une étape lorsque les coureurs couperont enfin la ligne d'arrivée de cette 19e et avant-dernière étape. C'est son rôle impérieux pendant ces trois semaines de course. Guillaume Verger remonte sur sa moto qui redémarre dans la seconde, sur la ligne, les six autres juges-motos sont maintenant en place pour prendre le relais.

16 h 38, barrage du Chevril
Voiture de Pierre-Yves Thouault

Quelques centaines de mètres séparent la sortie du tunnel du Rossetti et le barrage du Chevril où les gendarmes tentent de faire évacuer la dizaine de véhicules descendus de Tignes.

1. Jean-Paul Ollivier, *Gino le pieux*, Les Éditions PAC, 1983.

Le portable de Thouault est inondé par une pluie de messages et d'appels ininterrompus, au milieu de cette averse de communications, il attend un coup de fil, celui des employés municipaux qui se battent avec la soupe de grêle et d'eau qui bave devant la sortie du tunnel du Rossetti, rien.

Thouault reprend la direction du tunnel, plus haut Bernal et Yates, suivis par Barguil, dévalent sur une route toujours sèche. Dans la voiture des éclaireurs, notre hussard compte les secondes : « En même temps je faisais mes petits calculs. Avec une descente à 80 kilomètres-heure, ça ne passe pas, à la sortie du tunnel sans visibilité, on ne peut pas prendre ce risque. Quand j'arrive : "C'est mort." Heureusement Thierry avait anticipé le truc en prenant les temps. Finalement tout s'est passé très calmement, les leçons de ce qui s'était passé en Corse avaient été tirées.

À court de solutions, Thouault doit se résigner à répercuter la triste nouvelle. Pour la deuxième fois en 106 éditions, la route du Tour de France s'arrête avant la fin de l'étape. En 1982, les organisateurs avaient dû annuler la 5e étape à cause d'un blocus des sidérurgistes qui protestaient contre la fermeture de l'entreprise Usinor. Initialement prévu entre Orchies et Fontaine-au-Pire, le contre-la-montre par équipe se disputa cinq jours plus tard entre Lorient et Plumelec en amorce de la 9e étape en ligne courue dans l'après-midi de la même journée[1].

Thouault – Thierry, Christian, c'est mort ! Je suis dessus, j'ai les pieds dedans, c'est mort, ça ne passe pas.

Christian Prudhomme en concertation avec Thierry Gouvenou et Gianluca Crocetti décident d'arrêter la course.

1. Alexandre Ravasi, « Tour de France : les précédentes neutralisations de la course », *Le Figaro*, 24 juillet 2018.

Aidés des motos-infos, ils doivent transmettre l'information aux coureurs *via* leurs voitures suiveuses.

Une deuxième phase s'entame pour Gouvenou et ses partenaires dans cette folle journée. « On arrête la course mais une fois que tu as pris cette décision, tu n'as pas mis les coureurs à l'abri pour autant. C'est souvent ça le gros problème, quand tu es en pleine campagne par exemple, pas facile de mettre tout le monde en sécurité. Avec l'orage de grêle, il y avait des risques pour les coureurs. Ils ont des maillots qui ne protègent de rien du tout. Le moindre grêlon, cela te transperce les os. Comment tu fais pour les mettre à l'abri ?

C'était ça le plus gros problème maintenant. On avait tout de suite téléphoné à Val-d'Isère pour essayer d'ouvrir un gymnase. Mais en fin de compte quand on est arrivés là-bas, il pleuvait trois gouttes, ce n'était pas méchant. Ils ne sont jamais rentrés dans le gymnase parce qu'ils n'en avaient pas besoin. Après des assistants qui attendaient à l'arrivée sont repartis à contresens pour venir les chercher. »

16 h 39, descente du col de l'Iseran
Voiture de Christian Prudhomme – Derrière Egan Bernal et Simon Yates

Depuis trente minutes, la ministre du Travail et la maire de Paris observent aux premières loges la gestion d'une situation de crise. Muriel Penicaut, impressionnée par le travail de Thouault, s'adresse à Christian Prudhomme :

Muriel Penicaut – Je ne sais pas qui est votre homme devant mais il arrive à garder son sang-froid.

« En pensant à ce qui nous était arrivé à Bastia en 2013, Pierre-Yves a tout fait pour que cela puisse continuer. Nous nous sommes battus pour essayer d'assurer cette continuité en demandant des renforts au maire de Tignes. On s'est dit : allez, on essaie ! Jusqu'au moment où les images de la coulée de boue nous sont parvenues. À ce moment-là, on a compris que c'était fini. »

La ministre du Travail aura ensuite cette formule pour résumer la délicate position du patron du Tour durant cette demi-heure insensée.

Muriel Penicaut – Si j'ai bien compris, le plus important, c'est le jeu de jambes.

Isolé à l'intérieur de la bulle derrière le groupe de tête, sans images du reste de la course ni des différents événements météorologiques, Christian Prudhomme compose avec les informations collectées puis transmises par Guillaume Vuillaume depuis le centre de coordination à Tignes, pour assurer la continuité de la course et la sécurité des coureurs. Arrêter trop tôt, c'était risquer que cette étape décisive sportivement dans le scénario de ce Tour 2019 ne compte que pour du beurre. Prudhomme, en plus d'avoir un bon jeu de jambes, connaît la musique.

Il sait que depuis le début de l'épisode de grêle sur le parcours, le préfet de Savoie aurait pu demander que la course soit interrompue, jugeant que la sécurité de personnes n'était plus assurée. Depuis que la crise a commencé, en totale confiance avec Thouault, Lemarchand et Gouvenou, l'ancien journaliste gagne du temps. Il a maintenant la certitude que la course ne peut éviter l'obstacle de grêle et d'eau. Thierry Gouvenou prend la parole *via* la radio, dans une économie de mots qui le caractérise. Il sait qu'à l'autre bout de la chaîne, Prudhomme comprendra les enjeux.

Gouvenou – Christian, si l'on doit prendre une décision, il faut la prendre le plus vite possible.

Le directeur de l'épreuve est le garant du respect du cadre sportif qui régit la course en concertation avec Gianluca Crocetti qui, lui, veille au respect des lois de l'UCI. Gouvenou s'alarme des possibilités offertes par le règlement en cas d'incident exceptionnel.

« Nous sommes dans la descente et je me dis que les temps que j'ai pris au sommet, il faut qu'ils soient les seuls qui existent. Dans la descente les écarts et les positions peuvent changer. Il ne faut surtout pas que d'autres temps apparaissent. La veille dans le Galibier, Alaphilippe a fait la descente plus vite que tout le monde. Il avait repris le groupe Pinot-Thomas. Si on décide d'arrêter la course trop tard et que les positions ont changé, c'est la polémique assurée. Il faut se donner un point fixe et après il faudra décider vite, c'est ça l'enjeu. Ensuite nous avons tout de même attendu de vérifier qu'on ne pouvait rien faire. Parce qu'on ne voit rien dans les voitures, je n'avais même pas d'images. »

En totale confiance avec ses bras droits, Christian Prudhomme décide de stopper la 19e étape du Tour de France 2019. Trente-deux minutes après la première alerte météo venue du centre de coordination à Tignes.

16 h 40, Tignes (Savoie)
Plateau des *Rois de la pédale*

Nous sommes de retour à l'antenne après une coupure publicitaire prise dans la foulée du passage d'Alaphilippe à la pointe de l'Iseran. Comme Guillaume Verger, Jacky Durant a consciencieusement noté les écarts. Combien de secondes le maillot jaune peut-il reprendre au groupe Geraint Thomas ?

Bernal est-il en train de gagner le Tour ? Beaucoup de sujets de débat sont à l'ordre du jour.

Le nouveau roi se nomme Egan Bernal. Le Colombien possède virtuellement quarante-cinq secondes d'avance sur Alaphilippe en comptant les huit de bonus glanées au sommet de l'Iseran. Soudain, plein pot sous nos yeux incrédules, une image qui semble jaillir d'une autre course. Nous découvrons, stupéfaits comme tous les téléspectateurs, une vue aérienne captée par un hélicoptère. Elle nous montre la sortie d'un tunnel de montagne débouchant sur une route blanche.

Sur la gauche, deux voitures dont la voiture grise et rouge de l'équipe russe Katusha. Et au milieu de ce joyeux paysage de sports d'hiver, une tractopelle qui manœuvre avec application pour dégager une voie praticable dans ce qui ressemble à de la neige. Jusqu'ici aucune alerte météo sur les ondes de Radio Tour n'avait été annoncée.

Depuis le matin, comme tout le monde nous savions que Météo France misait sur des risques orageux en fin de journée mais à Tignes même si quelques nuages sont venus tenir compagnie à la montagne qui me fait face, la ligne d'arrivée est sèche.

Aucune information ne précise où se trouve le tunnel qui vient de disparaître de notre écran couleur. En tout, cinq tunnels sont répertoriés dans la descente jusqu'au pied de la montée Tignarde.

Abasourdi par cette scène hivernale, j'entrouvre derrière moi le rideau de feutrine noire qui nous protège du soleil pour avoir une vision plus panoramique de la zone technique. Toujours pas de pluie au-dessus de notre camping sauvage. En revanche à l'horizon, face à la station de ski, je découvre une nouvelle surprise. Le versant d'une montagne qui était vert pâturage il y a une heure est passé au blanc bonhomme de neige. En quelques secondes, nous mesurons l'impériosité de la situation. David envisage immédiatement l'arrêt de la course embraillé par Jacky. Avant chaque début de saison, Dudu s'inflige la relecture des œuvres intégrales de la réglementation de l'UCI.

Déjà lorsqu'il était dans le peloton, le baroudeur impénitent faisait partie des rares coureurs en activité à faire cette lecture rébarbative. Aujourd'hui encore, ils ne sont pas nombreux dans le peloton à goûter ce genre littéraire si particulier.

Jacky – On peut arrêter la course, si c'est dangereux pour les coureurs. Un commissaire sera là pour prendre les écarts qu'il y aura. On ne va pas demander aux coureurs de prendre des risques surtout dans une descente avec une route recouverte de grêle.

À ce stade, il est important de rappeler ici l'article qui encadre les cas de figure exceptionnels en course.

En cas d'incidents exceptionnels risquant de fausser le déroulement d'une étape, le directeur de l'organisation, après accord du collège des commissaires, peut à tout instant décider, après en avoir informé les chronométreurs, soit de :

– Modifier le parcours ou déterminer une neutralisation de l'étape. Nous l'avons vu avec l'énergique Pierre-Yves Thouault, ces deux options n'étaient plus envisageables.

Soit de :

– Arrêter l'étape et donner un nouveau départ. Si l'organisation ne peut pas donner un nouveau départ, l'étape est annulée.

Une quarantaine de secondes s'écoulent lorsqu'une deuxième vue aérienne nous fait découvrir un virage obstrué par de la grêle que tentent d'évacuer deux engins de travaux.

Jacky – Ha, là ça ne passe pas !
Steve – Ce n'est pas possible. Ils ne passeront pas !?
Guillaume – Réglementairement nous avons un gros problème. Que peut-il se passer Jacky ?
Jacky – C'est simple. L'organisation va arrêter la course et prendre les écarts.

C'est la décision qui s'impose en l'état, à la vue des images et des informations que nous avons dans notre cage de verre feutrinée à 30 kilomètres de la course.

Pour des raisons techniques et par confort, seuls Jacky et moi pouvons recevoir Radio Tour dans nos casques de commentateurs. Le volume est à fond, nous attendons fébrilement des nouvelles de la bulle. David et Steve scrutent la moindre réaction sur nos visages. Dans sept minutes Egan Bernal et Simon Yates arriveront à Val-d'Isère, située 4 kilomètres avant le tunnel du Rossetti.

Radio Tour – La route n'est plus praticable. L'étape est arrêtée. Les écarts seront pris au sommet de l'Iseran.

16 h 43, descente de l'Iseran
Voiture de Christian Prudhomme

Transmise *via* Radio Tour à destination des voitures des directeurs sportifs, l'info de l'arrêt de la course circule avec difficulté jusqu'aux oreilles des coureurs sous cloche. Un coureur pro qui se respecte ne s'arrête que sur chute et encore, ou une fois la ligne finale franchie. Surtout, s'il a en vue une étape ou le classement général du Tour de France. Une nouvelle fois le jeu de jambes de Christian Prudhomme, qui depuis est cité en référence au ministère du Travail, entre en action.

« D'abord, c'est Sébastien Piquet sur Radio Tour qui donne l'information pour toutes les voitures. Rien ne se passe. Ensuite, c'est au tour de Thierry, rien ne se passe. Je prends la parole. Rien ne se passe. À ce moment-là, on fait monter les motos-infos pour leur signifier de s'arrêter. Les hommes comprennent, ils ralentissent. Je peux monter à leur hauteur pour expliquer la situation et le danger. Toute l'année nous sommes derrière les coureurs en course. Nous avons l'habitude de les voir prendre des risques. Mais quand tu sais que cela ne compte plus, tu ne vois que les risques. Tu ne vois plus les coureurs qui vont faire des exploits. Nous avons pris la décision d'arrêter pour leur sécurité.

« Quand je repense à tout cet épisode, je me dis que l'on a eu de la chance que la grêle ne tombe pas pendant le passage des coureurs, sans les voitures, sans les motos pour tenter de les arrêter. Là, on faisait tout de suite la une des faits divers. »

La scène qui suit et qui passera en mondovision en direct met en lumière l'état d'esprit des coureurs soumis à l'adrénaline d'une course à haute intensité. La voiture de direction de course se porte à la hauteur de Bernal et de Yates en tête de la bulle. Pendant que Christian Prudhomme tente de leur expliquer la nature du péril qui les menace, les deux leaders de l'étape discutent pour s'accorder sur l'attitude à adopter. Le maillot blanc et le déjà double vainqueur d'étape ne ralentissent toujours pas. À bout d'arguments, Prudhomme leur dit que les temps ont été pris au sommet de l'Iseran. Yates n'en a que faire :

— *I don't give a shit about GC ! I'm fighting for a stage win*[1] !

Les organisateurs stoppent les coureurs et les véhicules de course, dans Val-d'Isère.

Une deuxième phase débute dans cette gestion de crise, la mise en sécurité des coureurs. Pour Gouvenou, le super courageux, le danger est toujours présent. « On arrête la course mais une fois que c'est fait, il faut mettre les coureurs à l'abri. »

1. « Je n'en ai rien à foutre du classement général. Je me bats pour une victoire d'étape. »

16 h 52, Tignes – Zone technique
Plateau d'Eurosport

La pluie arrose les premiers coureurs qui entrent dans Val-d'Isère. Peu à peu le peloton se reforme dans une joyeuse pagaille d'incompréhension. Et maintenant que fait-on ?

C'est aussi la question que nous nous posons dans notre mirador. Motivé par les dernières infos venues de Radio Tour et le complexe article du règlement qui encadre les conditions de courses exceptionnelles, le verdict des commissaires des *Rois de la pédale* est sans appel. La course est arrêtée.

En attendant de pouvoir rejoindre le pied de la dernière montée pour ensuite rejoindre Tignes et la ligne équipée d'une photo-finish, les coureurs repartiront avec les écarts enregistrés au sommet de l'Iseran. Si la course ne peut pas reprendre et aller jusqu'à la ligne d'arrivée, l'étape sera annulée et les écarts au classement général seront inchangés.

Julian Alaphilippe conservera son maillot de leader avec une minute trente secondes d'avance sur Egan Bernal. Le Tour se jouera demain dans la dernière étape à Val Thorens. Ce sont pour nous, réglementairement parlant, les deux seules possibilités.

Pourquoi avoir pris les écarts au sommet de l'Iseran ? Selon le règlement, les écarts doivent être enregistrés au moment où la course est arrêtée, soit 8 kilomètres plus loin. Lorsque Yates était revenu sur Bernal et pendant que Julian Alaphilippe reprenait du temps dans la descente. Pour nous, le Français et le Britannique sont, sportivement, les deux victimes de cet arrêt qui les prive du bénéfice de leur descente.

Au milieu des coureurs qui se regroupent par équipes autour des voitures des directeurs sportifs pour enfiler des imperméables et prendre des informations sur le déroulement de la course, nous apercevons Christian Prudhomme. Le patron du Tour fait la tournée de ce « village départ » improvisé pour expliquer la position des organisateurs. « Derrière, je suis allé montrer les images de la coulée de boue aux coureurs, Quintana, Bernal, Thomas, mais aussi aux directeurs sportifs, Nicolas Portal[1] et les autres. »

À l'antenne, nous rappelons le règlement à destination des téléspectateurs d'Eurosport. Et une fois encore lorsqu'il s'agit de règlement, c'est Dudu qui officie.

Guillaume – Le règlement, Jacky. On ne peut pas juger l'arrivée au sommet de l'Iseran ?

Jacky – Normalement, non… Pour que le classement soit clarifié, il faut un chronométrage officiel. Il y a des temps qui ont été pris au sommet de l'Iseran mais ce ne sont pas des temps officiels.

Soit on arrête la course, on repart et on revient jusqu'à la ligne d'arrivée. Soit on annule complètement la course et les écarts de ce matin, avant cette folle journée, seront les mêmes demain au départ.

Sur la ligne d'arrivée les informations sont rares et contradictoires. Depuis l'arrêt de la course, dans la zone technique, Louis-Pierre Frileux, notre intervieweur, rôde autour du centre de coordination pour avoir des précisions sur une éventuelle

1. Directeur sportif de la Team Ineos. Vainqueur de sept Tours de France dans cette fonction et disparu trop tôt le 3 mars 2020.

reprise des hostilités. Course arrêtée définitivement, gendarmerie qui escorterait les coureurs jusqu'à un nouveau départ, les informations se chevauchent sans nous donner une réponse formelle. Jacky se précipite hors du studio en quête de nouvelles du front. Il vient d'apercevoir Bradley Wiggins qui cherche un peu de chaleur au premier étage de notre camion. Dudu en profite pour aspirer une cigarette, en moins de temps qu'il ne faut pour l'écrire. D'après l'ancien vainqueur du Tour, anobli par la reine Élisabeth II, la route est bloquée sur 1 kilomètre. Après ça passe jusqu'à la ligne d'arrivée.

Le temps s'écoule et toujours pas de communication officielle pour répondre à nos questions. *Via* les ordres, Paris m'explique que le faisceau international, c'est-à-dire les images de la course qui sont mises à disposition des cent quatre-vingt-dix télévisions du monde entier, va s'interrompre. Nous devons en urgence débarrasser nos pupitres et nous repositionner pour passer en mode *Rois de la pédale*. Dans quelques secondes, Louis-Pierre revenu à pas de géant du centre de coordination prendra le relais pour un nouveau numéro de notre talk-show. Je me prépare à lancer la coupure publicitaire qui va nous permettre de finir l'installation technique du plateau. Jacky, qui écoute Radio Tour, lève le bras pour prendre la parole.

Jacky – Apparemment sur la ligne du grimpeur, le chronométreur officiel aurait fait une ligne officielle, avec des temps au dixième de seconde près. Ce qui contredit ce que nous affirmions tout à l'heure selon quoi il n'était pas possible de faire une ligne d'arrivée au sommet de l'Iseran.

On va mettre tout cela au conditionnel, on attend les informations officielles, mais il semblerait que l'on ne repartirait pas.

Lors de nos études de journalisme, on nous apprend à se poser cette question majeure : quel intérêt a une source à vous donner une information ?

Pourquoi l'organisation du Tour *via* sa propre radio veut-elle nous faire savoir, et donc faire savoir aux téléspectateurs d'Eurosport, qu'elle était en mesure de prendre des écarts officiels au sommet de l'Iseran ?

17 h 20, sommet de l'Iseran
Voiture-balai

Les yeux vissés sur les vidéos prises au passage des coureurs et l'oreille collée à son dictaphone, Guillaume Verger vérifie méticuleusement son classement. Le juge à l'arrivée accompagné de ses collègues commissaires-motos convergent vers le chronopôle à Tignes pour validation du classement du jour. Les arbitres motorisés ont troqué leurs motos pour profiter de la voiture-balai vidée de ses coureurs. Verger avait quitté le sommet de l'Iseran depuis 300 mètres lorsqu'il a appris l'arrêt de la course.

Instantanément, il est remonté à pied jusqu'au sommet pour finir le travail jusqu'au dernier coureur du peloton. « Heureusement je n'avais pas arrêté mon chronomètre par rapport au premier coureur (Egan Bernal). Comme la course était arrêtée, j'ai attendu jusqu'au dernier dossard.

La voiture-balai s'arrête sur la ligne. Mes collègues arbitres-motos étaient tous arrivés en haut du col. Nous montons dans la voiture-balai et nous redescendons. Dans la descente, on a commencé à établir le classement. Moi j'ai pris tous mes passages au sommet.

Parfois dans un groupe certains coureurs jouaient les fantômes du Tour. Ils avaient revêtu des vêtements imperméables ou une veste, et sur les vidéos je ne pouvais pas voir leurs dossards. Par déduction, avec mes collègues commissaires qui avaient pris la composition de leur groupe en course avant de s'arrêter au sommet, on a pu retrouver les coureurs qui me manquaient.

Dans la descente on a reconstitué la composition de chaque groupe et attribué un temps à chaque coureur. On a même demandé à des spectateurs de nous montrer leurs vidéos prises au sommet. Mon pilote avait filmé mais on ne voyait pas tous les numéros. J'ai aperçu des jeunes en face qui filmaient, je leur ai demandé de regarder leurs vidéos. On ne voyait pas mieux, alors j'ai gardé mon film. »

Ralentie par de nombreux bouchons, la voiture-balai est à nouveau bloquée. Lorsqu'elle se présente sur la dernière dérivation à la pancarte des 200 mètres… le temps presse.

Guillaume Verger s'extrait de la camionnette pour rejoindre la ligne en courant.

« Je savais que j'étais très attendu. »

Au chronopôle, Gianluca Crocetti, Thierry Gouvenou et les équipes de Sébastien Crespin guettent. Il faut absolument valider l'ordre de passage et les écarts avec le chronométreur officiel pour établir un classement général. Plus vite il sortira, moins il sera contestable. En arrivant sous le portique, Verger s'adresse au président du jury des commissaires.

Verger – Attention, je ne suis pas à la seconde, techniquement je ne pouvais pas prendre à la seconde.

Crocetti – Ne t'inquiète pas Guillaume. C'est normal, tu n'étais pas dans des conditions de travail adéquates.

Le juge à l'arrivée, un peu fébrile après son épopée, s'enferme dans le chronopôle avec l'équipe de Sébastien Crespin qui n'a pas oublié cet après-midi du 26 juillet.

« Quand il arrive, il est un peu pâle. Dans la voiture il avait commencé à griffonner ce qu'il pouvait avant d'arriver. Et croyez-moi, en descendant l'Iseran à cette vitesse en cas d'urgence, ce n'est pas facile. Pendant ce temps-là, nous, on ne savait rien. Nous étions en train d'essayer de prendre les écarts avec le système de géolocalisation. Mais le point GPS, qui nous a été communiqué, n'était pas bon. Ce n'était pas possible, des coureurs arrivaient avec plus de quarante-cinq minutes de retard en haut. Cela ne collait pas. »

Comme nous l'avons vu plus tôt, pour enregistrer des écarts *via* la géolocalisation, il faut avoir un point GPS qui servira de point de passage. Problème encore, le point GPS qui a été communiqué au chronopôle se situe en réalité 500 mètres après le passage de l'Iseran.

À l'annonce de l'arrêt de la course, des voitures de directeurs sportifs placées à l'arrière de la bulle se sont arrêtées entre la ligne et ce point GPS pour attendre le *gruppetto*. Informés de la situation, certains coureurs sont repartis sur le vélo après avoir pris soin de se changer dans les voitures.

D'autres ont directement rangé leurs outils de travail sur les galeries avant de se faire conduire jusqu'à Val-d'Isère. Dans les deux cas, ils sont passés sur le point GPS plus de dix minutes après avoir franchi le sommet. Voilà l'explication du problème de calcul insoluble de Crespin. « Guillaume nous lance : "C'est bon, j'ai tout ce qu'il nous faut." Ensuite il nous a donné tous les dossards dans l'ordre avec les écarts. Je ne vais pas vous dire que le classement était bon à la seconde près. Mais on avait quelque chose de très cohérent par rapport à ce qu'on avait vu à la télévision. Nous avons aussi compris pourquoi notre point GPS n'était pas bon. Nous avons pu replacer les quelques dossards qui manquaient dans les bons groupes. »

En l'absence de photo-finish qui selon le règlement est « le document exclusif qui confirme l'ordre exact d'arrivée », les officiels doivent tricoter un classement avec les données du jour. Ils s'adaptent à la décision prise de concert entre l'organisation et le président du jury des commissaires, Gianluca Crocetti. L'Italien lui aussi a vécu une journée particulière : « Tout le monde était d'accord pour dire que c'était la bonne décision. Dans la descente du col de l'Iseran, on avait parlé avec les coureurs pour leur expliquer ce qui se passait. Ils ne pouvaient pas imaginer ce qui les attendrait dans seulement dix minutes. Les conditions n'étaient pas aussi impressionnantes à cet instant de la course. C'était une situation extrême, mais on a réussi à la gérer de la meilleure manière possible. En quelques minutes, on a pris cette décision importante. Nous n'avons pas eu besoin de parler beaucoup, parce qu'on est allés droit à l'essentiel. À chaque fois que je pense à cette journée, je suis très fier de mon équipe, parce que tout le monde s'est donné à 100 %. On n'avait aucun outil électronique, donc on a pris les temps manuellement. Et cette journée est devenue déterminante pour le classement général[1]. »

Crespin et Verger terminent de croiser les différents supports qu'ils possèdent pour valider ensemble un classement au sommet de l'Iseran. Grâce à la géolocalisation, les dossards

1. « Une journée dans la vie de Gianluca Crocetti, commissaire international route UCI », Uci.com, 21 avril 2020.

non identifiés sur les vidéos des juges-motos sont remis dans leurs groupes respectifs. Le classement officiel est ensuite entériné par le président du jury des commissaires. En concertation avec les organisateurs, il n'y a pas de vainqueur d'étape.

Les écarts sont pris au sommet du dernier grimpeur franchi. Egan Bernal est le nouveau maillot jaune du Tour de France. Le Colombien possède quarante-huit secondes d'avance sur Julian Alaphilippe et une minute seize secondes sur son coéquipier Geraint Thomas. Avenue de la Vallé-d'Or, en présence des trois maillots distinctifs, la cérémonie protocolaire peut démarrer. Dans la zone d'interview du podium, Egan Bernal vient de comprendre qu'il touchait au but. Le nouveau maillot jaune écrase quelques larmes dans les bras de German, son père.

Sans photo-finish, sans ligne d'arrivée, sans vainqueur d'étape mais avec un point GPS faux de plusieurs centaines de mètres, le classement général de la plus grande compétition cycliste vient de basculer en se jouant des éléments et du règlement. Sans la présence de Guillaume Verger au moment du passage de Bernal au sommet, il aurait été impossible aux organisateurs d'établir un classement. Pour Verger, l'homme doit savoir s'adapter sans la technologie lors de cas exceptionnels : « Le règlement se base sur l'homme dans un premier temps, puis bien évidemment sur un support technique. Je suis responsable des arbitres dans la région Loire-Atlantique et je leur dis toujours : "C'est d'abord le bonhomme, les yeux du bonhomme et quand on a les supports techniques, on les utilise." Le 26 juillet, ce qui nous sauve, c'est que l'on passe par le bonhomme, puisque du matériel, il n'y en a pas en haut. Quand le soir Christian Prudhomme dit que ça s'est fait à l'ancienne, c'est vrai. J'avais mon téléphone portable et mon dictaphone, le reste, ça s'est fait… effectivement à l'ancienne ! »

À l'ancienne, comme sur le vélodrome de Châteaubriant où Guillaume Verger s'exerçait très jeune à prendre les ordres de passage et les écarts lors des compétitions organisées par le Cyclo club castelbriantais fondé par son grand-père[1].

Pour sa seconde participation au Tour de France et après le cas Froome dans le Ventoux en 2017, Guillaume venait d'être l'acteur principal de ce qui reste un cas d'école pour tous les arbitres cyclistes. « Mon boulot, c'est de faire le job. Ça ne tient pas à grand-chose finalement. Quand on vient sur le Tour comme arbitre, on est déjà sur une course exceptionnelle. Mais, l'exceptionnalité dans l'exceptionnel, c'est vrai que c'est quand même incroyable, une cerise sur le gâteau. »

Loin des considérations sportives, Guillaume Verger, avec la plénitude qu'offre à l'homme le sentiment du devoir accompli, prend à pied la direction de son hôtel tignard. Il a appris que le centre de coordination annonce un deuxième glissement de terrain dans le Cormet de Roselend, première difficulté de la 20e étape qui conduira demain le Tour de France d'Albertville à Val Thorens. La route serait impraticable. Les commissaires sont déjà en alerte. Guillaume aspire au bonheur simple d'une douche chaude avant de retrouver ses collègues à table pour « la mise au point d'une petite stratégie des chronométreurs pour le lendemain ». On savait que ça risquait d'être compliqué.

L'équipe des chronométreurs abandonne à son tour la zone du chronopôle, à la recherche de leur voiture. Leur hôtel est à Val Thorens. L'orage rôde et frappe au hasard sur les Alpes, il ne reste plus beaucoup de spectateurs autour du grand barnum

1. Gwendal Le Priellec, « Guillaume Verger, arbitre au CCC, était au cœur du Tour de France », *L'Éclaireur de Châteaubriant*, 6 août 2016.

d'arrivée. La plupart, déçus, ont déserté lorsqu'ils ont appris que la course ne parviendrait pas jusqu'à eux.

Une poignée d'irréductibles assiste au podium, blottis sous des parapluies épars. Sur le chemin court et semé d'embûches, Sébastien Crespin et ses collègues apprennent que l'étape du lendemain est menacée à cause de trois glissements de terrain qui rendent le parcours infranchissable. « Dans la voiture, on se faisait la réflexion suivante : imaginez que tout le monde soit dans le même temps ce soir et qu'il n'y ait pas d'étape demain. Eh bien, c'est Julian Alaphilippe qui remporte le Tour de France. Si Guillaume ne prend pas les temps aux sommets, il y a un classement qui sort mais beaucoup plus tard. On aurait fait le travail avec le point GPS qui n'était pas bon à 500 mètres près. On aurait fini par trouver les bons passages avec la géolocalisation. Mais le temps que l'on comprenne que notre point GPS n'était pas le bon, il se serait écoulé beaucoup de temps. Sauf que la géolocalisation, ce n'est pas obligatoire et ce n'est pas précis. On aurait pu sortir quelque chose mais beaucoup moins exploitable que ce que nous a fait le juge à l'arrivée. Si nous avions dû utiliser le système de géolocalisation pour faire le classement, je pense que ça aurait grincé des dents. »

18 h 18, Tignes (Savoie)
Résidence Club L'Ataviva
– Hôtel Deceuninck-Quick Step

Après une longue attente dans la cohue de Val-d'Isère, toujours vêtu de son maillot jaune, Alaphilippe effectue la dernière montée du parcours dans la voiture de son directeur sportif pour se rendre à l'hôtel de son équipe situé à Tignes. Les pentes de l'Iseran ont souligné ses lacunes, lacunes entrevues la veille avant la descente sur Valloire.

Ce soir, il n'y aura pas de cérémonie protocolaire pour le d'Artagnan de Montluçon. Lorsque le véhicule se gare sur le parvis de la résidence hôtelière, une foule bariolée de bleu-blanc-jaune guette l'arrivée du leader déchu. « J'arrive à l'hôtel, je suis un peu triste d'avoir laissé le maillot. J'étais allé au bout de moi-même. Je suis exténué, complètement vidé. Lorsque je sors de la voiture, je suis extrêmement touché de voir tous ces gens qui m'attendent quand même. Ils me soutiennent. Je reçois aussi beaucoup d'amour du staff de mon équipe. C'est ce soir-là vraiment que je me suis rendu compte que les gens étaient heureux et que comme mon équipe ils étaient fiers de moi. Je suis resté dans le bus pour partager un petit moment et pour parler un peu avec eux. Certains parlaient du règlement et de l'arrêt de la course. Mais moi, j'étais persuadé que cela n'aurait rien changé si l'étape n'avait pas été raccourcie. J'aurais craqué dans la dernière montée. J'avais déjà perdu beaucoup de temps dans l'Iseran. J'avais beaucoup de messages. J'ai eu ma famille au téléphone. J'ai reçu un message du président de la République. Un message sympathique pour m'encourager. Il me disait qu'il savait que c'était difficile et qu'il fallait continuer. Rien de particulier, mais ça fait toujours bizarre… »

CHAPITRE X

Classement général : 1 – Bernal (Col), 2 – Alaphilippe à 48" (Fra), 3 – Thomas à 1'16" (GB), 4 – Kruijswijk à 1'28" (PB), 5 – Buchmann à 1'55" (All), 6 – Landa à 4'35" (Esp), 7 – Uran à 5'14" (Col), 8 – Quintana à 5'17" (Col), 9 – Valverde à 6'25" (Esp), 11 – Barguil à 7'3" (Fra). Abandon : Pinot (Fra).

18 h 22, bloqués quelque part dans la descente de Tignes Voiture Eurosport

Le GPS indique trois heures trente pour rejoindre Val Thorens, notre gîte du soir, contre un peu plus de deux heures hors période de Tour de France. Pendant que Jacky scrute sur la carte les chemins de traverse, je tente d'honorer un rendez-vous pris de longue date. Samuel Dumoulin, jeune retraité et vainqueur d'étape à Nantes en 2008 nous attend un peu plus bas dans la vallée.

Entre orages et routes bloquées, les conditions de circulation sont aléatoires. Nous décidons de nous retrouver directement au bar de l'hôtel *Fahrenheit Seven*, où nous avons pris une chambre pour « Samos ». Le premier arrivé paie sa tournée. Malgré le caractère exceptionnel de ce que nous venons de vivre en direct, dans la voiture, il flotte un goût d'inachevé. Mis en appétit par le début de repas mijoté par le Tour, le dessert nous laisse sur notre faim. Nous avions sublimé cette fin d'étape montagnarde, et c'est un imbroglio réglementaire qui nous est servi.

Jacky – J'aurais aimé être une petite souris pour voir comment ils ont pris les temps à l'Iseran ?

Guillaume – Oui, j'aimerais savoir aussi. Cette journée mériterait un livre à elle seule.

Jacky – Tu n'as qu'à le faire. Comme ça tu me raconteras.

Depuis ce défi lancé à l'emporte-pièce, beaucoup d'eau et de neige sont tombées sur la vallée de la Maurienne. Huit mois, plusieurs heures d'interview et une crise sanitaire plus tard, c'est par visioconférence que je livre à Jacky les fruits de ma petite enquête. L'impression que nous avions à l'époque est devenue certitude.

Rien dans le règlement ne justifie les décisions finales des organisateurs et du président du jury le 26 juillet 2020. Jacky, comme vous, sait maintenant comment les temps ont été enregistrés le 26 juillet, au sommet du col de l'Iseran. Première réaction de Dudu confiné comme nous tous : « Si l'on regarde ce que stipule le règlement, c'est très simple. Soit on annule l'étape. C'est-à-dire qu'il n'y a aucun temps, l'étape ne sert à rien. Soit – car il y a une autre solution réglementaire, la seule possible pour avoir des écarts – on prend les temps de passage au sprint intermédiaire avant l'Iseran. Là, il y avait une vraie ligne équipée d'un système de chronométrage officiel. C'est la dernière ligne habilitée à donner des écarts. »

Pour mémoire, les lignes des classements de la montagne ne sont pas équipées du système de photo-finish. C'est l'ordre de passage qui compte pour donner des points et établir le classement de la montagne. Le passage sur ces lignes des grimpeurs ne peut pas avoir d'incidence sur le classement général.

Contrairement aux lignes des sprints intermédiaires qui sont équipées de ce système pour départager au millième les sprinteurs en quête de bonification. Il n'est pas rare en début du Tour de voir un groupe de trente coureurs débouler à plus de 60 kilomètres-heure, attisés par l'opportunité d'aller chercher un maillot jaune à coups de bonifications. Ils seront départagés à la lecture de la photo-finish. Il est beaucoup plus rare en revanche d'observer plus de deux coureurs se mesurer au sprint au sommet d'une ascension de plusieurs kilomètres.

Nous sommes tous d'accord, Jacky, pas de photo-finish, pas d'écart. Nous avons retenu la leçon corse. Sur la ligne d'arrivée à Bastia, après que le bus s'est empalé dans le portique, il n'y avait plus de photo-finish. Ce « document exclusif », selon l'UCI[1], est le seul habilité pour confirmer l'ordre et les écarts pris par le juge à l'arrivée.

Kittel avait remporté la course mais tous les coureurs avaient été relégué au même temps. En 2019, au sommet de l'Iseran, malgré les multiples efforts de Guillaume Verger et de ses collègues arbitres-motos, il n'y a pas de photo-finish. Donc réglementairement parlant, il est impossible de confirmer les écarts et par conséquent d'établir un nouveau classement. Le système de géolocalisation qui a confirmé les écarts n'est pas homologué par le règlement de l'UCI. Pas plus que les vidéos du pilote de Verger, de ses collègues ou des deux jeunes qui filmaient la course avec leurs téléphones cellulaires de l'autre côté du classement des grimpeurs. Que se serait-il passé si Guillaume Verger avait dépassé l'Iseran ? Comment auraient-ils fait ?

1. *Guide du juge à l'arrivée* de l'UCI, 29. La lecture des enregistrements d'arrivée : « La photo-finish est le document exclusif qui confirme l'ordre exact d'arrivée. »

L'autre option réglementaire évoquée par Jacky Durand eût été de prendre les écarts au sprint intermédiaire de Bessans. Contrairement aux lignes du classement de la montagne, celles des classements par points sont pourvues d'une photo-finish. Lorsque le groupe de tête, emmené par le champion du Kazakhstan Alexey Lutsenko et Tony Gallopin, passe le sprint, il possède une minute et cinquante-six secondes d'avance sur le peloton « maillot jaune ». Parmi eux se trouvent Rigoberto Uran, Alejandro Valverde et Warren Barguil qui jouent tous les trois une place au classement général. Ils auraient été les grands bénéficiaires du jour. Une décision qui aurait forcément éveillé l'ire des équipes flouées.

La Team Ineos de Bernal et Thomas, la Jumbo-Visma de Kruijswijk et la Deceuninck d'Alaphilippe, trois équipes qui pèsent lourd en point UCI et dans le peloton. Si l'option de prendre les écarts au sprint intermédiaire était envisageable d'un point de vue réglementaire, Jacky reconnaît que l'on aurait alors frôlé l'incident diplomatique. « Réglementairement, c'était possible mais techniquement plus compliqué. Il y aurait probablement eu plusieurs réclamations de différentes équipes et on aurait annulé la course. »

Admettons Jacky ! Admettons qu'aucun patron d'équipe ne proteste. Cette hypothèse devient caduque lorsqu'elle est confrontée au règlement. Pour que cela soit possible, il eût fallu informer les directeurs sportifs et les coureurs en amont. Petit problème, les informer de quoi ? Lorsque le peloton passe à Bessans, il n'y a encore aucune information faisant état d'un éventuel danger.

En mars 2012 sur le Tour de Catalogne, un autre cas exceptionnel nous prouve que la jurisprudence des courses va à l'encontre de la décision qui a été prise de prendre en considération les écarts au classement général le 26 juillet 2019 à Tignes. À cause de la neige et d'une météo catastrophique, les organisateurs décident en cours de route de raccourcir le parcours de 50 kilomètres.

La 3e étape est amputée de ses deux derniers cols et de son arrivée initiale prévue au sommet de la station de sport d'hiver de Port Ainé. Dans le village de Canturri, on installe à la hâte, et après en avoir informé les chronométreurs et les acteurs de la course, une ligne d'arrivée équipée de la fameuse photo-finish. À l'avant de la course, un groupe a pris plus de neuf minutes d'avance au peloton qui musarde en attendant la fin du profil. Dans l'échappée, Mikaël Cherel a réalisé deux bonnes premières étapes ; le Français peut devenir nouveau leader de ce Tour de Catalogne. Il demande à Romain Bardet, qui dispute sa première grande course à ce niveau, de rouler pour lui. Dans le dernier kilomètre, pas de flamme rouge ni de panneau pour informer les coureurs de l'imminence du sprint. À 400 mètres de la ligne, Sabino Pignatelli, assistant chez les « terre et ciel », hurle au passage de Mikaël : « La ligne est là ! C'est ici. » Avec un temps de retard, Cherel lance son sprint. Battu par le Slovène Janez Brajkovič, il prend la troisième place de l'étape. La ligne franchie, Didier Jeannel, son directeur sportif, lui explique qu'il n'y aura pas de protocole mais qu'il devient le nouveau leader de ce Tour de Catalogne.

Bonheur fugace, le jury des commissaires de l'UCI et les organisateurs sous la pression des directeurs sportifs décident de mettre tous les coureurs dans le même temps. « Compte tenu des conditions de course particulièrement éprouvantes et du final anticipé, ils optent pour ne pas tenir compte des temps de la journée. Le classement général est inchangé. » Une décision motivée comme en 2019 sur le Tour de France par le désir de respecter une équité sportive[1]. Mikaël Cherel, huit ans plus tard et de belles parties de manivelles en compagnie de Bardet devenu depuis son leader, se souvient que, même s'il comprend ce qui a motivé la décision, sa déception était grande après avoir brillé sur ce début du Tour de Catalogne. « Pour la première fois de ma carrière, j'allais porter un maillot de leader du classement général dans une course de ce niveau. Je n'aurais peut-être pas gagné mais ça représente quelque chose pour un coureur pro. »

En dehors de son travail pour ASO, Thierry Gouvenou est commissaire international à l'UCI. À ce titre, il connaît parfaitement l'article 2.2.029 qui régit un incident de course exceptionnel. Il connaît aussi tous les cas d'école qui en découlent. Lorsque les premières informations menacent le déroulement sportif de la 19e étape, Gouvenou a en sa possession un certain nombre d'options proposées par le règlement et l'expérience des cas exceptionnels vécus ou étudiés lors des séminaires organisés par l'UCI à l'intention de ses commissaires. À 5 kilomètres du sommet, la course n'était pas encore décantée, les principaux prétendants à la victoire étaient guidon contre guidon dans ce groupe maillot jaune emmené par la Team Ineos de Bernal et Thomas. Le directeur de l'épreuve savait que si la course ne pouvait pas aller jusqu'à Tignes, il pouvait en accord avec Crocetti faire l'arrivée au sommet de l'Iseran après en avoir informé les chronométreurs et les équipes au préalable.

Ce joker réglementaire a été grillé par la volonté collégiale des organisateurs de passer l'Iseran et d'assurer la continuité

1. Albasini remercie la neige, le 21 mars 2012 par Eurosport.fr.

jusqu'au dernier moment et ainsi rejoindre l'arrivée. « On était partis pour continuer », confesse François Lemarchand.

Plusieurs raisons étayent cette décision.

L'expérience, tout d'abord. Dans son respectable passé, le Tour a connu des situations de crise similaires. Nous avons évoqué le spectaculaire cas de la Corse, et ce bus coincé en mondovision sous le portique d'arrivée. Mais d'autres obstacles moins visibles sont venus obstruer la route du Tour sans faire la une des gazettes. Le peloton les a franchis sans le savoir. François Lemarchand se souvient de la 5e étape du Tour 2016 : « Au départ de l'étape, tout le monde nous dit au puy Mary : “Il y a trop de vent, ça ne passe pas.” La gendarmerie nous lance : “Il faut changer le parcours.” Nous, on a rétorqué : “Non, on ne change pas le parcours, on attend, on va voir.” Dans tous les cas, s'il faut tout changer au dernier moment, on sait faire. Et puis finalement, on passe sans soucis. L'expérience nous fait dire qu'il faut attendre. Comme disait Jean-Fançois Pescheux : “Il est urgent d'attendre.” Et c'est ce que l'on a fait à l'Iseran. »

Fort de cette jurisprudence, Pierre-Yves Thouault va tout mettre en œuvre jusqu'au dernier moment pour trouver une solution et assurer la continuité de l'épreuve. En plus de cent ans d'histoire, une seule fois une étape a été annulée. C'était en 1982 : les organisateurs avaient pu reprogrammer le contre-la-montre par équipe de Fontaine-au-Pire. En 2019 et à deux jours des Champs-Élysées, ce serait impossible.

Deuxième raison, la crédibilité. Le 106e Tour est, depuis sa conception, flanqué du sceau de la très haute montagne. Depuis presque trois semaines, le monde sportif attend ce triptyque alpestre qui doit propulser le peloton au-delà des 2 500 mètres d'altitude. L'Iseran, toit de l'édition, est la tête de gondole de cette apothéose en trois actes.

Autre raison, le syndrome Giacobbi. Christian Prudhomme se souvient encore de la phrase devenue célèbre du président du conseil exécutif de Corse : « Une route à 500 000 euros et il n'y aura pas d'arrivée. » La municipalité de Tignes a payé pour pouvoir accueillir une étape de ce Tour 2019. Si la course ne passe pas l'Iseran, pas d'arrivée, pas de retour sur investissement et autant de déçus que de spectateurs amassés dans la station savoyarde. Rappelons qu'il faut environ 100 000 euros de droit d'entrée pour prétendre accueillir l'arrivée d'une étape du Tour sans compter les lourds investissements de voiries et de sécurité dont la charge financière revient aux municipalités.

Pour toutes ces raisons, Thierry Gouvenou sait d'emblée que la course est partie pour continuer. Il sait aussi que si elle ne va pas à son terme, il sera impossible d'établir un classement. « Quand je prends la décision de prendre le temps au sommet, il me faut tous les temps pour seulement après décider de ce que je vais en faire. Je ne sais pas que l'étape va être arrêtée. » Gouvenou anticipe, en accord avec le président du jury. Il décide de prendre les temps au sommet du grimpeur. Il sait que si l'étape ne va pas à son terme, à défaut de photo-finish, il aura ainsi un classement sur une ligne avec des écarts jusqu'à la voiture-balai.

Gianluca Crocetti demande à tous ses juges-motos de se rendre au sommet. Par chance le juge à l'arrivée était proche du sommet. L'avait-il dépassé avant ou après l'ordre du président du jury ? Les versions diffèrent sur ce point. Voilà pourquoi et comment Guillaume Verger se retrouve seul, armé d'un chronomètre, d'un dictaphone et de son pilote pour prendre les temps au passage de l'Iseran en attendant le renfort des juges-motos. Contrairement à ce qui nous a été dit avant l'arrêt de la course sur Radio Tour, il n'y avait pas de système de chronométrage officiel au sommet du géant de Maurienne. C'est la présence de Guillaume Verger, dans son statut de juge à l'arrivée, qui accrédite à elle seule l'officialité réglementaire du classement sortie du chronopôle ce 26 juillet.

Réaction de Jacky Durand : « Cela ressemble au cyclisme des années 1970, où les commissaires sont perchés sur la ligne d'arrivée. J'ai connu ça en minimes et cadets. Sur son plateau d'agriculteur, le préposé au classement prenait l'arrivée en hurlant : "Le 12, le 26, le 34 à dix secondes, le 57." On revient dans les années 1970. »

« On l'a fait à l'ancienne », c'est aussi l'impression, nous l'avons vu, de Guillaume Verger, le providentiel juge à l'arrivée. Un anachronisme encore autorisé sur de nombreuses courses mais pas sur celles qui sont estampillées UCI.

Les temps sont enregistrés au sommet. La course bascule sur Val-d'Isère. Les organisateurs ont toujours un mince espoir de rallier la ligne d'arrivée à Tignes. À l'avant de la bulle, Thouault tente de déplacer des montagnes entre le barrage du Chevril et le tunnel du Rossetti. Dans la bulle, Thierry Gouvenou et Gianluca Crocetti font la descente. Garant des intérêts sportifs et du règlement, Gouvenou essaye de concilier les deux. « Nous sommes dans la descente. Nous avons pris les temps au sommet. Il ne faut surtout pas que d'autres temps apparaissent parce que dans la descente, on n'est plus capables de prendre des temps. La veille, dans la descente du Galibier, Alaphilippe va plus vite que tout le monde et reprend des groupes. Si on décide d'arrêter la course trop tard et que les positions ont changé, c'est la polémique. Il faut se donner un point fixe. Voilà l'enjeu. Je dis à Christian : "Si tu dois prendre une décision, c'est maintenant." »

Trente-deux minutes se sont écoulées depuis la première alerte d'orage de grêle en provenance du centre de coordination à Tignes. Trente-deux minutes pour faire le diagnostic du danger qui menace le Tour et ses acteurs. Trente-deux minutes pour mettre en place toutes les actions nécessaires pour assurer la continuité et les enjeux sportifs. Trente-deux minutes pour se donner le temps de prendre la bonne décision. Christian Prudhomme, en qualité de directeur de l'organisation, est la seule personne habilitée à prendre cette décision dans le cadre de l'article qui définit les incidents exceptionnels. Depuis trente-deux minutes, sous les yeux d'une ministre du gouvernement et de la maire de la capitale, Prudhomme prouve qu'il a « un bon jeu de jambes ». Le contorsionniste, qui sait que « c'est pendant l'orage que l'on connaît le pilote[1] », assure son rôle d'amortisseur de tension entre le centre de coordination, où le préfet de Savoie en charge de la sécurité des personnes verrait d'un très bon œil que la course soit arrêtée, et ses hommes dans la bulle, qui savent, grâce à leur expérience des cas exceptionnels, évaluer si la continuité de Tour n'est plus assurée. Au bout de ces trente-deux minutes, Prudhomme a la certitude que continuer entraînerait un danger pour les coureurs, il décide d'arrêter la course.

1. *De la Providence*, court essai de Sénèque, traduction de J. Baillard, 1914.

En cas d'arrêt d'une étape et toujours selon l'article 2.2.029, soit un nouveau départ est donné, soit l'étape est annulée. Et comme la course ne repartira jamais, il aurait fallu annuler l'étape.

C'est sur la deuxième partie qui concerne les décisions sportives que peut prendre le président du jury après consultation de l'organisateur que l'on a fini de composer avec le règlement pour proposer un nouveau classement général sans vainqueur d'étape.

— Annuler ou bien conserver les écarts acquis lors d'un arrêt de la course en tenant compte des écarts enregistrés au moment de l'incident.

Dans le cas qui nous intéresse, les écarts ont été pris au passage de l'Iseran et pas au moment de l'incident. Ce qui explique la volonté de Thierry Gouvenou de forcer la prise de décision pour qu'aucun autre temps n'apparaisse.

Sur le signal international distribué aux télévisions du monde entier, des écarts GPS instantanés s'affichent pour mieux appréhender le déroulé de l'action. Cette infographie va disparaître quelques minutes après l'annonce de l'arrêt de la course par Radio Tour. Julian Alaphilippe avait repris une quinzaine de secondes au groupe Geraint Thomas et pouvait légitimement envisager de rattraper encore son retard dans la descente.

En plus de n'avoir pas respecté le bon endroit pour enregistrer les écarts, rien ne stipule dans le règlement que cette prise de temps est faite pour établir un classement. Elle doit permettre aux organisateurs de faire un nouveau départ en respectant les différences acquises au moment de l'arrêt.

Ici on ne parle pas d'écarts mais de résultats acquis. Effectivement le résultat acquis au sprint intermédiaire de Bessans, comptant pour le classement par points, a été conservé le 26 juillet 2019. Tout comme celui au passage de l'Iseran pour le classement de la montagne. Dans les deux cas, il s'agit d'un classement en points. Il est déterminé par l'ordre de passage.

L'article du règlement nous parle ensuite des « différents classements ». Il encadre ici les classements dits « annexes » qui peuvent être multiples selon les organisateurs et les pays. Le classement des « Metas Volantes » en Espagne, celui des « Beauty Sprints » sponsorisé par l'office du tourisme sur le Tour de Turquie, par exemple. Si le législateur avait voulu parler du classement général, il l'aurait spécifié. Les commissaires de l'UCI le savent. On a joué sur les mots pour pouvoir jouer avec les lignes.

Tu vois, Jacky, là encore, la seule décision sportive envisageable par Gianluca Crocetti était de considérer l'étape comme non disputée, à l'exception des classements des grimpeurs et par points. C'est aussi pour cela que le président du jury a décidé seul de ne pas attribuer la victoire de l'étape à Egan Bernal. Selon Thierry Gouvenou son voisin de voiture : « Pas de vainqueur d'étape, c'est la décision du président du jury. Après, nous n'avions prévenu personne que l'arrivée se déroulerait au sommet de l'Iseran. »

Voilà ce qui aurait dû se passer ce 26 juillet 2019. Selon le règlement de l'UCI, Julian Alaphilippe aurait dû conserver son maillot jaune avec une minute trente d'avance sur Egan Bernal.

Nous le pensions avec Jacky ce jour-là, sur le plateau des *Rois de la pédale*. Depuis, grâce aux éléments de cette modeste enquête réalisée en toute transparence avec les protagonistes qui ont accepté de me répondre, cette pensée est devenue certitude. Ce n'est pas la première fois que le Tour ou une autre compétition s'arrange avec le règlement. Jacky Durand se souvient des précédents. « Pour moi, le 26 juillet, on a su s'adapter pour qu'il y ait un semblant de résultat. Ce résultat ne correspond à rien par rapport au règlement. On l'avait fait déjà il y a quelques années sur le mont Ventoux avec Froome qui franchit la ligne avec une minute trente de retard. On l'avait remis dans le même temps que Mollema. Aucun règlement ne le stipule. Ce jour-là, on a arrangé une petite sauce avec les commissaires, les organisateurs, peut-être les directeurs sportifs, voire les managers. On a voulu faire les choses en suivant une certaine éthique sportive. En disant : “Froome, il aurait peut-être repris du temps à Mollema et à Porte, donc on le remet dans le même temps que Mollema.” Le 26 juillet, on a fait exactement la même chose. »

Le 14 juillet 2016, souvenons nous, la route du Tour rend visite au géant de Provence.

Depuis la veille, le sommet du Ventoux est balayé par un vent qui dépasse les 120 kilomètres-heure. La veille toujours, lors d'une réunion de crise, les organisateurs décident de ne pas aller jusqu'au sommet, la 12e étape arrivera au *Chalet Reynard*, 6 kilomètres plus bas. En ce jour de fête nationale, plusieurs centaines de milliers de spectateurs se sont donné rendez-vous. Pour des raisons de temps et de sécurité, ASO n'installe pas de barrières pour sécuriser les derniers kilomètres. À 1 km 500 de l'arrivée, alors qu'ils sont en pleine lutte pour le classement général, Richie Porte, Christopher Froome et

Bauke Mollema percutent une moto de la télévision qui a été obligée de freiner pour éviter les spectateurs. Pendant que Porte et Mollema repartent, privé de son vélo cassé, Froome court en jaune au milieu d'une foule immense. Sur la ligne d'arrivée, le Britannique qui devra changer de monture à deux reprises perd son maillot jaune au profit de son compatriote Adam Yates. Trente minutes s'écoulent lorsque le jury des commissaires décide de classer Froome et Porte au même temps que Mollema. Ils ont voulu tenir compte de la situation de la course au moment de l'incident. Sur les étapes dites « de plat », en cas de chute ou de problème technique, le règlement permet de reclasser les coureurs à l'arrivée dans le même temps que le groupe auquel ils appartenaient à 3 kilomètres de l'arrivée. C'est pour cela qu'une ligne équipée du système de photo-finish est placée à cet endroit sur les étapes dites « de plat ». Cette même ligne qui était installée dans un virage à Bastia lors de l'épisode du bus. La règle des 3 kilomètres n'est pas valable sur les étapes de montagne comme celles du Ventoux en 2016. Sous la pression de l'équipe Sky et de son manager Dave Brailsford qui a été le premier à annoncer le nouveau classement aux médias, les organisateurs ont composé avec le règlement en décidant de remettre Froome dans le groupe où il se trouvait au moment de l'incident, c'est-à-dire dans le temps de Bauke Mollema. Réglementairement rien ne justifie ce reclassement. Christian Prudhomme avait déjà évité les controverses par cette sentence mémorable : « à situation exceptionnelle, mesures exceptionnelles[1] ».

Pour Jacky, au-delà de l'aspect sportif, c'est la crédibilité des organisateurs qui était comptée : « On sauve l'image du Tour. Quand Froome tombe dans le Ventoux et qu'il perd

1. Froome a perdu son maillot jaune avant de le récupérer : on vous explique pourquoi, 14 juillet 2016 par Julien Chesnais, Eurosport.fr.

une minute trente, c'est à cause d'ASO quelque part. Ils ont mal fait le boulot, mal déplacé les spectateurs qui étaient trop nombreux, mal géré les motos qui étaient trop nombreuses également et qui n'avançaient pas assez vite. Le 26 juillet, selon moi, c'est exactement pareil. Même si ce n'est pas de leur faute, personne ne s'attendait à voir un glissement de terrain dans cette descente. Ils ont improvisé quelque chose qui était non conforme au règlement mais qui arrangeait tout le monde. Il y a vingt ans, il y aurait eu un commissaire derrière la voiture de Prudhomme. D'ailleurs, il y a toujours un commissaire qui est sur la tête de la course et c'est lui qui, en cas de problème, intervient pour prendre les temps. C'est ça qui me surprend ! Pourquoi n'y a-t-il pas eu ces commissaires en tête de la course ? Ce n'est pas à ASO de prendre les temps. »

À ce moment-là, Jacky, il n'y a pas de commissaire dans la descente car ils ont tous reçu l'ordre de se rendre au sommet de l'Iseran pour prendre des écarts. Il est donc impossible de les prendre dans la descente de l'Iseran au moment de l'arrêt de la course.

Des écarts qui auraient pu servir pour donner un nouveau départ. « Il aurait peut-être permis de faire la dernière montée. Encore une fois, il y a vingt ou trente ans on n'aurait pas eu ce problème. Il n'y avait pas de téléphone cellulaire, pas de réseaux sociaux. La course serait arrivée directement sur l'incident, sur la route fermée. Les coureurs auraient été surpris, la course arrêtée et on déclenchait le chronomètre. Trop d'infos tuent l'info. On reprenait la course après la grêle. L'échappée repartait avec les écarts enregistrés au moment de l'incident. Maintenant il y a les bus, les coureurs peuvent se changer. On pouvait bouger au pied de la montée finale et on faisait des départs décalés comme en biathlon en tenant compte des temps enregistrés. »

Sans le centre de coordination à Tignes, sans les images de la grêle, puis de la coulée de boue sur les réseaux sociaux et sans téléphones portables, on peut effectivement imaginer une tout autre gestion de cette crise. La course aurait-elle pu repartir ? Difficile de le croire, depuis le début des intempéries, le préfet de Savoie a laissé agir les organisateurs en faisant confiance à leur expérience des situations difficiles. Après la coulée de boue et avec les alertes d'orages prévues pour la fin de journée, les risques devenaient trop importants pour Christian Prudhomme. « On a déjà eu de la chance que ce se soit passé avant l'arrivée des coureurs. Autrement, nous plongions dans la rubrique fait divers. » Louis Laugier se serait probablement opposé à un nouveau départ. En supposant que le préfet donne son feu vert, le temps nécessaire pour organiser les transferts de tous les coureurs et la mise en place d'un nouveau départ échelonné paraît trop important pour finir l'étape à un horaire convenable et pour la récupération des coureurs.

Faire redémarrer l'étape, c'était aussi prendre le risque qu'elle soit complètement annulée. Les écarts ont été pris au sommet de l'Iseran et non pas au moment de l'arrêt de la course. En s'appuyant sur ce point du règlement, une réclamation en bonne et due forme d'un manager d'équipe avait toutes les chances de contraindre le jury et les organisateurs à annuler l'étape. Cruel pour des hommes qui ont tout fait pour sauver leur compétition. En anticipant le pire, Thierry Gouvenou a probablement sauvé la crédibilité sportive de ce Tour de France. Comme il nous l'explique, c'est l'expérience du passé qui a dicté ses choix : « Cette idée d'essayer d'avoir des temps, ça vient du Ventoux en 2016. Pour faire un classement, il nous faut des temps. Au Ventoux nous n'avons pas vraiment de temps, nous avons les derniers écarts. On a fait à la louche. »

L'expérience de ces cas exceptionnels aide les organisateurs et l'UCI à adapter et faire évoluer les réponses techniques et réglementaires.

« Depuis le Ventoux, on a mis en place dans la finale des étapes de montagne une boucle qui nous donne des écarts au centième. Le 26, nous en avions une au sommet du dernier grimpeur avant l'arrivée à Tignes. Tout simplement parce qu'on n'est pas à l'abri d'avoir des individus sur la ligne d'arrivée qui fassent n'importe quoi et qui nous empêchent de franchir la ligne. Nous savons que dans 100 % des cas, cela ne servira pas, mais on ne sait jamais. Avec tous les cas particuliers que l'on vient de connaître, si l'on doit faire un règlement qui s'adapte à tout, on n'en finit pas. Et puis il y aura toujours une situation que tu n'auras pas anticipée. Qui pouvait prévoir que la grêle allait nous arrêter à Val-d'Isère, que le vent allait nous obliger à descendre la ligne dans le Ventoux et que Froome se casserait la figure ? Ce sont des pépins qui te tombent dessus. Tu cherches la meilleure solution dans un temps qui se mesure en dixième de seconde, pas en minutes. Nous sommes dans un monde de communication où l'information est très dure. Nous n'avons pas les images dans les voitures. On doit faire confiance aux collègues. Malheureusement, avec le dérèglement climatique, la notion d'incident exceptionnel risque d'évoluer. Je pense que la situation que l'on a vécue, avec des éboulements, des routes qui s'effondrent, risque de devenir de plus en plus répétitive. »

Depuis le 26 juillet 2019, le règlement de l'UCI a évolué en prenant en compte le retour d'expérience des événements survenus dans l'Iseran et en intégrant aussi les nouveaux risques climatiques. L'article 2.2.029 est maintenant doté d'un « protocole de discussion pour les conditions météorologiques extrêmes et la sécurité des coureurs sur les épreuves ».

Il s'applique à toutes les courses de première division femmes et hommes et de deuxième division masculine. En travaillant sur les cas d'école rencontrés lors des dernières saisons, les commissaires internationaux de l'UCI ont fait évoluer le cadre de cet article « afin de prévenir et éviter les incidents ou problèmes liés à des conditions météorologiques extrêmes ou à la sécurité des coureurs sur les épreuves. Il est également recommandé à toutes les autres épreuves sur route de se référer, s'il y a lieu, aux procédures énoncées dans ce protocole ». Ce protocole a été ajouté fin 2016, après les péripéties du Ventoux, et modifié à deux reprises en 2019 et 2020 après l'Iseran.

Le 26 juillet dernier, en trente-deux minutes, pressés par une météo apocalyptique, les organisateurs du Tour ont sauvé la valeur sportive de cette 106e édition. Sans cet aménagement de haut vol, l'étape reine aurait été annulée et le dernier volet alpestre se serait conclu par une demi-étape sur le modèle d'un critérium de montagne. Alors qu'ils savaient que l'arrivée à Tignes était lourdement compromise, les organisateurs ont attendu que la vérité sportive s'écrive à coups de jarret avant d'arrêter la course puis de jouer avec les lignes du parcours et celles du règlement de l'UCI. Pour Christian Prudhomme, le Tour avait trouvé son élu : « Pour moi, le Tour se termine dans la montée de l'Iseran. Thibaut abandonne, Julian est largué, Bernal est seul devant, la messe est dite. »

L'analyse sportive de l'ancien journaliste est claire et sans appel. Nous avions eu la même, sur un bout de table lors de notre vote sans concertation et sans appel au *Marmiton*. Pinot éliminé, Bernal est un vainqueur légitime de ce Tour très montagnard. Julian Alaphilippe est un coureur hors norme, doté de compétences variées mais rien jusque-là ne pouvait laisser envisager qu'il rivaliserait avec les grimpeurs en haute montagne.

Bien que non réglementaire, la décision prise le 26 juillet à Tignes trouve un consensus sportif chez tous les acteurs du Tour, ce qui réconforte Thierry Gouvenou. « On n'a eu aucune remarque sur notre prise de décision. Le président, les équipes et les coureurs étaient d'accord. Parce que nous avons respecté l'aspect sportif. On a eu de la chance que la hiérarchie soit claire. Si au sommet de l'Iseran on avait eu seulement dix, quinze secondes d'écart, alors là… Quand je vois la beauté de Bernal qui s'envole à plus de 2 000 mètres ! Les Colombiens sont dans leur élément en très haute altitude. Chacun avait atteint sa limite, et lui, il passe en tête comme un symbole au sommet de l'Iseran. Pourtant, je suis très français, je ne suis pas à 100 % pour celui qui gagne. Je préfère la manière plus que le résultat. C'est étrange mais je préfère un perdant valeureux mais qui m'a donné des émotions qu'un vainqueur qui ne dégage pas grand-chose. Je suis dans l'esprit Poupou ! Je préfère le beau au bon résultat. Vis-à-vis des Français et du reste du monde, si on avait dit : non, il ne s'est rien passé, on remet tout le monde à zéro, je peux dire que la polémique allait bon train. Le Tour de France aurait perdu toute crédibilité. »

Je revendique et je partage les arguments sportifs, avancés par Thierry Gouvenou et les hommes en charge de ce dossier chez ASO. Cela étant, si l'on considère strictement l'aspect réglementaire, Julian Alaphilippe aurait dû se présenter avec une minute trente d'avance au matin de l'étape raccourcie de Val Thorens. À Tignes, alors qu'il n'y a pas de vainqueur d'étape, et pour cause, on a tout de même sorti un nouveau classement général. Si on transpose le cas au football, c'est comme si on arrêtait un match à vingt minutes de la fin alors qu'une équipe mène au score. Puis qu'on dise : le match n'a pas pu se disputer mais on donne les trois points de la victoire au classement général. Je ne vous raconte pas le scandale. Sur ce Tour, ni scandale ni voix dissonante pour Pierre-Yves Thouault dévoué à la réputation du Tour, il y va de la crédibilité reconnue de l'épreuve.

« Quand tu es organisateur, ce sont des moments hyper forts et uniques à vivre parce qu'il n'y a pas eu de problème. Finalement on a fait quoi ? On a bidouillé un truc qui a sauvé le Tour de France et qui restera le grand moment de ces dernières années. L'équipe a fonctionné ensemble avec les services de l'État qui nous ont suivis. C'est dans des moments comme celui-ci qu'on se dit que le Tour est puissant. Il n'y en a pas un qui dit : je ne suis pas d'accord. »

En d'autres temps, des organisateurs se sont largement assis sur certaines considérations sportives. En 1984, les organisateurs du Giro ont « arrangé » le résultat final en faveur de Francesco Moser, laissant à Laurent Fignon d'éternels regrets. Après avoir volontairement amputé la 18e étape de son arrivée au Stelvio dont les pentes étaient favorables au Français, les organisateurs italiens pénalisent ce dernier de dix secondes pour un ravitaillement illicite alors que dans le même temps, Moser n'écope que de cinq secondes de pénalité pour de très nombreuses et salvatrices poussettes des tifosis dans les cols. Lors de la dernière étape, un contre-la-montre de 42 kilomètres, les hélicoptères de la RAI filment Francesco Moser de dos, lui offrant l'avantage du vent créé par l'engin tandis qu'ils choisissent de voler face à Fignon. À l'arrivée, le Français, qui portait encore le maillot rose, doit s'incliner face à Moser qui chevauchait son vélo avec lequel il venait d'effectuer son record du monde de l'heure. Pendant le règne du roi Eddy Merckx, les motos de la RAI remontaient par grappillon les rivaux du Belge accrochés à leur selle. Nos voisins espagnols ont également par le passé pris de grandes largesses avec les règlements et la sportivité. En 1985, Robert Millar, qui court pour l'équipe française Peugeot, est leader du Tour d'Espagne. À deux jours de l'arrivée sur les routes de Ségovie, l'Écossais est victime d'un coup monté de l'ensemble des équipes espagnoles sous la bienveillance de l'organisation qui ferme les yeux sur cette entente ibérique illicite et sur les conditions météorologiques exceptionnelles.

Pendant que les leaders des équipes espagnoles viennent féliciter Millar de sa future victoire, Pedro Delgado, imperméable sur les épaules, se cache dans une échappée. Aucune équipe ne viendra ensuite rouler avec les hommes de Roland Berland[1], préférant laisser gagner Delgado plutôt qu'un étranger. Au-delà de sa nationalité, mais sans que ce ne soit jamais ouvertement déclaré, c'est l'homosexualité de Robert Millar qui dérangeait le peloton du milieu des années 1980.

Le plus paradoxal c'est que, dans tous ces cas de figure, le règlement n'a pas été respecté. En 1984, Cyrille Guimard, directeur sportif de Laurent Fignon, avait menacé les organisateurs du Giro de retirer l'équipe Renault-Elf avant de revenir sur sa position. En 2019, pas la moindre petite opposition à la plus grande surprise du trublion Jacky Durand : « Pour moi, c'est Patrick Lefevere qui fait une faute. S'il va voir les

1. Directeur sportif de l'équipe Peugeot sur la Vuelta en 1985.

commissaires et qu'il dit : quel règlement vous permet d'établir un classement avec un chrono manuel ? Nous sommes au XXIe siècle ! Selon le règlement on doit prendre les temps au moment de l'incident, au moment où la course s'arrête. Ce jour-là, si Patrick Lefevere pose une réclamation sur le règlement, il peut être entendu. Je pense que Julian était dans la bonne équipe pour avoir du poids. Cela étant avec une réclamation, il faut savoir qu'ils se mettent à dos le monde du cyclisme. Mais ils auraient quand même dû le faire. »

Il est joueur Jacky, moi aussi. Pourquoi Patrick Lefevere, grand patron de la Deceuninck, n'a pas tenté de faire annuler l'étape et ainsi permettre à son leader français de conserver le maillot jaune ? Le Belge, qui dirige la plus ancienne machine à gagner du cyclisme professionnel, connaît la chanson. Je n'ai pas besoin comme avec Jacky de lui refaire le film des événements du 26 juillet lorsque, par téléphone, nous revenons par le menu sur l'étape de Tignes. Comme vous, il sait que le Tour s'est écrit en dehors du cadre réglementaire de l'UCI.

« On n'a rien dit parce que ce n'est pas la première fois qu'une chose comme celle-là nous arrive. Sur le Giro, Rigoberto Uran était maillot rose avec trois minutes d'avance, il neigeait. Les organisateurs du Giro étaient en pleine panique. Ils voulaient annuler l'étape du Stelvio et faire rentrer tous les coureurs à l'hôtel. Ils avaient oublié que nous étions en période de vacances et que tous les hôtels étaient pleins. Finalement, ils ont décidé de neutraliser la course. C'est comme en formule 1, quand le *pace car* sort sur un circuit, personne n'est autorisé à le dépasser. Ils ont fait la même chose avant la descente du Stelvio. Ils ont déployé un scooter devant la course avec deux personnes. Il y avait Marco Velo, un de nos anciens coureurs qui agitait un drapeau rouge. Quatre ou cinq coureurs ont dépassé le drapeau rouge. En bas, ils avaient plus de trois minutes d'avance. Le commissaire belge qui les suivait n'a rien géré. Il y avait même des coureurs qui se sont arrêtés au sommet. Du coup, on a perdu le maillot rose. Je suis allé au tribunal, et le juge a décidé qu'il n'était pas compétent pour statuer. Encore une fois je n'avais pas envie d'entamer une guerre que je savais incertaine dès lors que dans le règlement de l'UCI, il est toujours possible de trouver une porte de sortie. »

Lorsque nous revenons plus en détail sur les événements du 26 juillet, ce qui dérange le plus Patrick Lefevere, c'est que les organisateurs ont décidé d'attendre avant de prendre la décision d'arrêter la course.

« Je ne suis pas très content, car ils savaient qu'il y avait déjà des problèmes quand nous étions en bas de l'Iseran. Personne ne pouvait imaginer comment la météo allait évoluer. Avec tous les éléments que l'on possède aujourd'hui, les organisateurs peuvent prévoir les conditions météorologiques mais ils attendent toujours le plus longtemps possible pour prendre une décision en espérant que le temps s'améliore. »

En principe, c'est le président du Jury qui décide. Mais le Tour de France est la seule organisation au monde où le patron, ce n'est pas l'UCI, c'est l'organisateur. Le président du jury est là mais on sait tous comment ça se passe. Le règlement, comme on dit en flamand : « Il y a toujours une petite porte de sortie par-derrière. » Ils ont essayé de sauver disons « leurs fesses » en tentant de dégager la route. Mais c'était impossible. Julian, qu'est-ce qu'il a fait ? Il avait reconnu toutes les étapes. Il a lancé : « Je vais récupérer trente secondes dans la descente. »

Même si les tribunaux italiens avaient débouté la demande du manager belge dans l'affaire du Giro 2014, Patrick Lefevere a bien entendu envisagé la possibilité d'un recours en sollicitant l'avis de son leader : « Je ne suis pas sûr que l'on aurait perdu en allant au tribunal. Parce que la France, ce n'est pas l'Italie et l'Italie n'est pas la France. Moi j'ai déjà la réputation d'être un embêtant et Julian ne m'a pas poussé à le faire. Pour lui, il a fait le maximum, il était même un petit peu lâché. Julian ne voulait pas que l'on fasse de réclamation car il aurait été soi-disant "tricard" dans le milieu. Ce qui, pour moi, n'est pas vrai ! Une fois que vous êtes sur le palmarès, vous y êtes ! Trois ans après, plus personne ne se rappelle du reste. Si vous annulez l'étape, cela veut dire que l'étape n'a pas eu lieu. Et dans ce cas-là, Julian garde le maillot jaune. Le 26 juillet, si l'organisateur avec le président du jury décident d'interrompre la course, il faut appliquer le règlement. L'étape n'a pas eu lieu et donc Julian conserve son maillot jaune. Le règlement, c'est le règlement. »

Que se serait-il passé si l'étape du 26 juillet avait été tout simplement et réglementairement annulée ? Julian Alaphilippe aurait-il pu gagner le Tour ?

C'est ce que nous allons découvrir ensemble en compagnie des principaux protagonistes dans ce dernier chapitre.

CHAPITRE XI

Ci-dessous le classement qui aurait pu sortir du chronopôle en respectant le règlement de l'UCI. Deux solutions s'offrent à Julian pour succéder à Bernard Hinault.

Classement général : 1 – Alaphilippe (Fra), 2 – Bernal à 1'30" (Col), 3 – Thomas à 1'5" (GB), 4 – Kruijswijk à 1'47" (PB), 5 – Buchmann à 2'14" (All), 6 – Quintana à 3'54" (Esp), 7 – Landa à 5' (Esp), 8 – Uran à 4'54" (Esp), 9 – Valverde à 3'58" (Esp), 10 – Porte à 6'30" (Aus). Abandon : Pinot (Fra).

La première, avoir les ressources physiques et psychologiques pour maintenir ce matelas de quatre-vingt-dix secondes d'avance sur une étape de 130 kilomètres, avec une arrivée en altitude et trois ascensions au menu. Chimérique à la vue de ses prestations dans le Galibier et l'Iseran mais pas utopique au dire de son patron Patrick Lefevere.

La seconde, s'en remettre à un nouveau caprice des cieux. Si l'étape ne peut se disputer, il remportera le Tour de France 2019.

23 h 25, Val Thorens (Savoie)
Hôtel *Fahrenheit Seven*

Au garde-à-vous, accolé à la large baie vitrée de la salle de restaurant, je tente de me protéger d'une pluie incessante. Le trajet depuis Tignes a été humide et chaotique. Tardivement, nous sommes arrivés en ordre dispersé à notre point de ralliement du soir. L'hôtel a été réquisitionné pour les suiveurs du Tour.

Le restaurant propose un grand buffet d'entrées, de plats et de desserts. Autour des cornichons et de la tireuse à bière, journalistes et consultants, pilotes-motos et quelques membres du staff d'ASO[1] refont le film des dernières heures.

Jacky, Steve et David, vidés par une drôle de journée et plus de 3 000 kilomètres aux compteurs des voitures, viennent d'aller mettre les pattes en l'air[2]. J'en profite pour aller griller une cigarette de trop et faire une pause avant de retrouver Samuel Dumoulin. Le jeune retraité n'a pas sommeil. La journée a été riche en ascenseurs émotionnels, et sans remettre en question l'intensité du combat, ni la légitimité de la gloire, j'ai toujours ce goût amer de l'inachevé.

Alléchés par un début de repas étoilé, nous avions tous sublimé l'apothéose de ce Tour au plus près des cieux. Ce sont les cieux qui nous sont tombés sur la tête. Sur la tête de Pinot pour commencer. La pluie, la grêle et l'orage font partie de la course, comme disent les anciens. Mais Pinot sans Bernal ou l'inverse, c'est comme Hinault sans Zoetemelk, Anquetil sans Poulidor, ou Coppi sans Bartali, ça manque de sel ! « Thibaut abandonne, Julian est largué, Bernal est seul devant, la messe est dite. » Je suis d'accord avec l'analyse précédemment évoquée de Christian Prudhomme. Pinot parti, il n'y avait plus de camarade pour jouer dans la cour de Bernal et l'orage qui a sonné la fin de la récréation n'a rien changé à la vérité sportive. Demain, dans la montée de Val Thorens, rien ni personne

1. Pendant le Tour de France, 500 personnes travaillent pour l'organisation.
2. Position du Kâma Sûtra des cyclistes qui consistent à s'allonger sur son lit pour laisser les jambes récupérer. Certains fétichistes utilisent des cales pour surélever le pied du lit et ainsi favoriser la circulation sanguine.

ne viendra submerger le bateau Ineos, enfin en ordre, autour d'un leader identifié.

Sur cette terrasse humide et hors saison, au-delà de la peine du garçon du jardinet de l'Ain, qui a versé une larme pour Thibaut, c'est la frustration de l'inachevé du journaliste-commentateur qui l'emporte.

Nous aurions aimé goûter et faire vivre intensément cette haute lutte. Finalement, nous avons bu une tasse de grêle et de boue comme tout le monde. C'est, je crois, ce goût amer du non-abouti qui a nourri l'envie de prolonger cette journée du 26 juillet dans un livre. Frustration très égoïste du journaliste lorsqu'il y a dix minutes, avec mauvaise foi mais sans intérêt professionnel et proximité assumée, je disais à Samuel Dumoulin :

— Foutu pour foutu, il fallait respecter le règlement et mettre tout le monde dans le même temps. Demain, Julian repartait avec une minute trente d'avance. Et avec ce qui tombe et ce que la météo annonce pour demain, un peu de chance, tout est annulé, il gagne le Tour. C'est un hold-up, mais c'était possible car écrit dans le règlement.

— Tu ne peux pas faire ça ! Sportivement, ce n'est pas bien.

— Oui, mais c'est le règlement. Et au moins demain on avait un peu de suspense. Maintenant on va s'ennuyer.

Comme Guillaume Verger et Gianluca Crocetti après une honorable carrière en amateur[1], j'ai basculé vers le corps

1. Je parle pour eux. En ce qui me concerne, je n'avais pas de main gauche et une détente de fer à repasser.

arbitral. Par chance, c'est sous le toit d'un gymnase la plupart du temps et sur des parquets de basket-ball[1] que j'ai exercés ce sacerdoce.

Père de famille très jeune, c'était l'opportunité de mettre du lait dans le chauffe-biberon et de découvrir l'envers du maillot. L'occasion aussi d'avoir sur le sport et les arbitres une vision différente. Expérience humaine et personnelle enrichissante, elle a laissé chez moi une aversion de la lecture complexe des règlements, qu'ils soient sportifs ou de copropriétés. En une décennie de sifflet, j'ai appris que les règles et les hommes qui les font respecter sont là pour et dans l'esprit du sport contrairement à ce que nous croyons trop souvent. J'ai également appris que dans certains cas exceptionnels, le législateur ne donne pas de réponse ni de cadre adéquat pour que l'esprit de la règle et du sport soit respecté. Ses vides réglementaires sont comblés ou adaptés régulièrement lors de séminaires d'arbitres tous sports confondus à la lueur des cas exceptionnels rencontrés dans une saison. Lors de ces séminaires, les participants rivalisent de cas qui n'arrivent jamais. Je ne peux pas résister ici à l'envie de vous en livrer un qui a hanté mes nuits de jeune arbitre.

Vous arbitrez un match de basket-ball en plein air. Il y en a de moins en moins mais admettons. Un joueur prend son shoot[2], le ballon est en l'air. Un chasseur qui passe par là met en joue et tire en direction du ballon qu'il a pris pour une grosse perdrix. Là, vous conviendrez que cela peut arriver. Le ballon transpercé par les plombs entre dans le panier. Accordez-vous le panier ?

1. Arbitre régional toutes catégories, des benjamins jusqu'aux séniors, et arbitre international handisport.

2. Tir, pour ma maman.

Rien dans le règlement ne permet de refuser la validation du panier.

En revanche, en allant chercher plus en détails et pour respecter ce qui semble être l'esprit du sport, l'arbitre pourra, comme le 26 juillet 2019, trouver « une petite porte de secours » dans le règlement. Dans notre cas, le ballon n'ayant plus les mensurations requises, vous pouvez annuler le panier. Dans l'Iseran, les organisateurs et le jury n'avaient pas dans le règlement, le cadre nécessaire pour faire respecter l'esprit du sport.

23 h 44, Tignes (Savoie)
Dans l'hôtel « d'un pote » de Pierre-Yves Thouault

Le camion du centre de coordination ayant dû partir vers Val Thorens, terme de l'avant-dernière étape, le PC de crise a trouvé refuge dans un hôtel voisin.

L'état-major d'ASO est là depuis plus de deux heures. La route de la 20e étape est coupée en trois endroits. Il faut trouver des solutions, autrement il n'y aura pas d'avant-dernière étape. Pierre-Yves Thouault est en négociation téléphonique avec le préfet de Savoie. « Nous étions dans un hôtel tenu par un copain en face du centre de coordination. Une trentaine de personnes était restée toute la nuit pour refaire le parcours. Pour organiser un Tour, on met un an, environ trois semaines par étapes. Là, on a fait une étape dans la nuit. C'est ça la force du Tour. »

Christian Prudhomme, retenu par les télévisions, est arrivé le dernier au QG. Il y rejoint son état-major au grand complet entouré du sous-préfet, de représentants de la garde républicaine et des pompiers, du maire de Tignes et par portable de

Louis Laugier, préfet de Savoie. « Le préfet a lancé : “Demain, je reprends le pouvoir.” La descente du Cormet de Roselend était obstruée en trois endroits avec une partie de la route complètement arrachée sur plusieurs tronçons. Les autorités faisaient des propositions. On leur a dit qu'on se fichait que ce soit court mais qu'il ne fallait pas que l'on arrête l'étape. Si c'est 50 kilomètres, c'est 50 kilomètres, mais on fait les 50 kilomètres. Une fois d'accord, personne ne nous en veut, les gens comprennent. Mais deux fois de suite, ils vont se dire que nous sommes des mauvais. Nous sommes très vite tombés d'accord sur un itinéraire direct d'Albertville à Val Thorens. Mais cela ne rentrait pas dans l'arrêté préfectoral du Tour de France. »

Pour sécuriser les routes du Tour de France empruntées par le peloton, les 500 voitures, 21 bus des équipes et leurs annexes, 160 véhicules en tous genres de la caravane, 20 camions de la zone technique, 2 voitures médicales, 7 ambulances, 1 camion de radiologie et les 11 millions des spectateurs, il faut 250 motards de la garde républicaine et 29 000 policiers mobilisés par les services de l'État pendant trois semaines.

Un dispositif lourd qui ne se déplace pas sur un claquement de doigts. Il ne suffit pas de surligner une route en jaune fluo sur une carte d'état-major pour qu'elle soit homologuée comme terrain de jeu de la plus grande compétition cycliste.

Pour que cela soit possible, il faut un arrêté préfectoral garantissant que toutes les conditions de sécurité soient réunies, sinon il n'y aura pas d'étape. Pendant que Thouault et Prudhomme s'occupent de faciliter l'obtention des autorisations, Gouvenou, toujours discret, refait son parcours : « Nous sommes tous là, avec le préfet de Savoie. On voit bien que ce n'est pas possible de passer dans le Cormet de Roselend. Nous n'avons qu'une solution, faire Albertville-Val Thorens. Moi j'ai fait le forcing juste pour une chose. C'est un détail, mais je souhaitais que l'on puisse emprunter la route nationale et pas la petite route parallèle qui est remplie de passages à niveau, d'aménagements urbains, de rétrécissements et de dos-d'âne, c'est l'enfer en termes de sécurité. Si l'étape est courte, qu'elle puisse se dérouler dans de bonnes conditions, c'était ma seule exigence. »

Les organisateurs sont contraints de réduire le théâtre de l'explication finale. Au lieu de flâner dans le massif de la Vanoise par le Cormet de Roselend et la côte de Longefoy, le peloton tirera tout droit par la nationale 90 et la départementale 117 en direction de Val Thorens, en tout 59 km 500 à la place des 130 prévus initialement. Les autres solutions permettant de prendre d'autres cols sont abandonnées. La boue a coulé cet après-midi dans la descente de l'Iseran et dans le Cormet de Roselend ; elle peut encore s'inviter demain avant la ligne d'arrivée aux *Chalets du Thorens*. Après une dernière séance de jeu de jambes avec le préfet de Savoie, Prudhomme laisse son hussard ficeler le dossier. « Il fallait aussi interdire la circulation de l'autre côté de la course. Dans un premier temps, cela ne semblait pas évident pour les autorités, mais cela s'avérait d'une extrême nécessité pour éviter les accidents de la route. C'est Pierre-Yves qui leur a expliqué qu'au vu de notre expérience, il y avait des solutions. »

Prudhomme a déblayé le terrain en tenant compte de la sagesse de Thierry Gouvenou, « le courageux ». Le bulldozer Thouault entre en action. « Je dis au préfet par téléphone qu'en Bretagne, il y a une dizaine d'années, la route du Tour empruntait un bout de quatre voies et que nous avions mis en place un bouchon mobile pour ralentir les voitures de l'autre côté afin d'éviter les risques d'accidents. Ce que nous voulions éviter, c'est que les automobilistes voient la course passer, freinent et causent des accidents de l'autre côté de la nationale. Je leur dis : "Vous mettez des véhicules en place, et quand on vous le dit, ils roulent à 80, puis 60, puis 30, puis 20, puis 10 kilomètres/heure. Ça va faire un bouchon mobile. Les gens vont rouler tranquillement et lorsque la voiture-balai sera passée, vous enlevez le bouchon." »

Un peu avant minuit, les autorisations préfectorales arrivent au centre de coordination de Tignes.

Christian Prudhomme a le visage fermé et sombre. Il sait que la continuité du Tour est assurée, mais ses pensées sont ailleurs. « Le moment le plus dur pour moi, ce fut d'appeler la maman du photographe entre deux réunions avec le préfet. Après la course, j'ai fait les interviews tard car je voulais avoir un maximum d'informations. La première interview que j'ai faite, c'était un direct. On a parlé de la course, de Thibaut et du reste, et j'avoue que pour nous, l'équipe du Tour, la mort de notre photographe a laissé dans le cœur de chacun d'entre nous une infinie tristesse. Je ne sais pas à ce moment-là si sa famille a été prévenue. À 20 h 30 quand j'appelle sa maman, elle me dit que même si j'avais pris le soin de ne pas donner son nom, elle avait compris que c'était son fils. J'étais glacé. Oui, appeler une mère pour lui dire que son fils est mort est la chose la plus difficile que j'ai eu à faire comme patron du Tour. Tout le reste et relatif. »

27 juillet, 11 h 45, Val Thorens
Zone technique déportée

La nuit a été longue et pleine de larmes dans le ciel de Savoie.

Depuis notre départ de Tignes, la pluie nous tient par la main. Notre bivouac technique est à 3 km 500 de la ligne d'arrivée, sur un parking d'autobus inutilisé hors saison hivernale.

Le départ de la dernière étape de montagne sera donné dans deux heures et nous essuyons un nouveau déluge, retranchés dans le camion-studio. Dans la nuit, comme l'ensemble des suiveurs, nous avons appris que le parcours serait modifié pour des raisons de sécurité. La dernière grande explication du Tour se résumera à une course de côte de 33 kilomètres, longueur de la montée finale sur Val Thorens, si la bulle parvient jusqu'aux *Chalets du Thorens*, où la ligne d'arrivée a été installée. À part cette ligne, aujourd'hui il n'y a pas de solution refuge pour les organisateurs qui ont été obligés de supprimer les passages au sommet du Cormet de Roselend et de la côte de Longefoy du parcours initial.

11 h 57, Val Thorens (Savoie)
Zone d'arrivée

Stéphane Boury[1], l'homme orchestre de la zone depuis qui a succédé à Jean-Louis Pagès[2], gesticule pour diriger ses équipes. À Bastia en 2013, c'est Boury qui avait garé à la hâte le bus australien derrière les barrières à 20 mètres de la ligne après que le Cévenol eut l'idée pragmatique de dégonfler les pneus pour le désincarcérer du portique.

1. Ancien cycliste poitevin lui aussi passé de l'autre côté de la barrière. Lorsqu'il était coureur, Boury pouvait imiter à la perfection le bruit d'un boyau qui éclate, semant ainsi la zizanie autour de lui dans le peloton.

2. Autre personnage truculent de la Société du Tour de France. Il y a eu le duo Pescheux-Pagès, aujourd'hui c'est le duo Gouvenou-Boury qui veille sur les routes du Tour. Héritage.

« J'avais repéré cette place. Avec les forces de l'ordre nous avions dégagé la zone très rapidement. Quand Jean-Louis a sorti le bahut du portique, il ne restait plus qu'à le garer. On a eu très chaud ce jour-là. » Le Poitevin a remplacé Pagès l'année du Ventoux. Pour son baptême du feu, il avait été obligé de descendre la ligne d'arrivée pour cause de mistral.

Depuis vingt-cinq minutes, aidés par tous les bras disponibles, Boury et son équipe tentent de remettre la ligne en bonne et due forme. « Il tombait des cordes de grêle. Et l'effet de ruissellement avait embarqué la ligne d'arrivée. Il fallait refaire tout le marquage au sol et remonter quelques barrières à cause du vent. Avec les pompiers, on a renettoyé la boue qui dégoulinait sur la ligne. La route des *Chalets de Thorens*, c'est une petite route un peu perdue au-dessus du cœur de la station. Elle n'est pas très empruntée, le bitume avait été refait pour le Tour mais c'est une route un peu compliquée. C'était inquiétant, mais honnêtement, nous savions que le temps en montagne change vite. Après ce qui s'était passé la veille, on avait convenu avec le jury des commissaires d'avoir une solution de repli à 3 km 200 en mettant une photo-finish. »

Au cas où, et en tirant les leçons de la veille, les organisateurs ont installé une ligne équipée d'un dispositif de photo-finish en amont du sommet des grimpeurs, terme de l'étape. Une décision prise avec les arbitres, dont Guillaume Verger après sa douche méritée, réunis autour d'un bon repas présidé par l'Italien Gianluca Crocetti.

12 h 02, Albertville (sous-préfecture de Savoie) Place de l'Hôtel-de-Ville

La caravane publicitaire du Tour[1] est partie depuis quinze minutes pour déverser son flot de cadeaux promotionnels et de souvenirs dans l'ancienne capitale olympique, épargnée par la grêle, qui active Boury et ses nettoyeurs. Dans quinze minutes, la tête du cortège prendra la direction d'une autre capitale, Paris.

Les organisateurs décident de libérer directement la joyeuse colonie de 600 étudiants et leurs accompagnateurs sans passer par la case de la dernière étape de montagne. À côté de sa voiture rouge stationnée après de la ligne de départ, le hussard du Tour monte d'un ton.

— Attendez, monsieur le maire. On ne va pas faire monter tous ces jeunes sous des hallebardes !

Depuis le départ au sec de la joyeuse troupe, Pierre-Yves Thouault tente de justifier son choix de priver la ville d'arrivée et ses spectateurs, pour le moment tous aux abris, du spectacle attendu et prisé qui égaie la route deux heures avant la bulle. « C'est moi qui prends la décision de faire la caravane publicitaire uniquement dans le défilé[2] et de ne pas la faire monter à Val Thorens. Le maire était furieux. La caravane a fait le défilé et elle est remontée sans attendre à Paris. Le centre de coordination nous avait dit qu'il ne fallait

1. Crée en 1930. Tous les ans, 15 millions de cadeaux aux couleurs des partenaires du Tour sont distribués aux 11 millions de spectateurs. Parmi eux, des gamins ramèneront un premier goût du Tour.

2. Zone placée entre la ligne de départ et le départ réel de l'étape. Autrefois, elle permettait aux coureurs de saluer de girondes demoiselles avant de partir au combat.

pas monter parce que là-haut ça tombait. La ligne d'arrivée avait un peu bougé, il fallait arrêter les frais. La veille, on avait frisé la correctionnelle. Cette fois, nous n'allons pas faire monter la caravane dans ces conditions. Ils allaient être tétanisés dans la montée du col. Avec la grêle, on allait encore avoir un problème. »

12 h 05, parking – zone technique – arrivée Studio d'Eurosport

Pas besoin de feutrine pour protéger notre cage de verre du soleil. Tous abrités à l'intérieur du studio, les *Rois de la pédale* contemplent impuissants les caprices de la nature.

En contrebas, la route du Tour se transforme en torrent d'eau boueuse provenant du sommet de Val Thorens. Nous avons appris que la caravane remonterait directement sur Paris et que, 3 km 500 plus haut, la ligne d'arrivée venait de bouger. Jacky, comme son ami Thierry Gouvenou, a toujours un coup d'avance.

Dudu se voit déjà imiter la caravane et filer directement vers la capitale. Si l'étape est annulée, en partant vers 14 heures nous pouvons être à Paris vers 22 heures.

Ce n'est pas la pluie qui inquiète le plus nos experts et Samuel Dumoulin. Hier, des coulées de boue et des glissements de terrain se sont impunément invités dans le col de l'Iseran et dans le Cormet de Roselend, obligeant les organisateurs à changer leur plan de bataille. Et si aujourd'hui encore la route devenait impraticable ?

L'attente commence.

Pour tuer le temps, je décide de faire mon petit tweet[1] quotidien et promotionnel de notre rendez-vous cathodique et rappeler que l'heure de prise d'antenne, comme l'étape, a été décalée dans la nuit. Un petit message de quatre-vingt-treize signes, complété par une photo prise à travers la vitre de notre studio montrant l'étendue des dégâts.

— Sauf miracle, il n'y aura pas d'étape aujourd'hui ! Rendez-vous live sur Eurosport à 13 h 57.

À ce moment-là, je n'imaginais pas les ricochets que pouvait créer mon tweet. Dans la minute qui s'écoule, alerté par le caractère volontairement ambigu et incitatif de mon post, Yoann Offredo[2], qui doit prendre le départ dans une heure et demie, me téléphone. Je rappelle à Yoann que si le miracle n'est pas une notion journalistique, pour le moment la situation à Val Thorens est critique.

12 h 23, Albertville (sous-préfecture de Savoie)
Village départ

Affluence des grands jours au stand du maillot jaune. Tous veulent voir Poupou[3]. La veille, le héros des populos a fait un petit malaise en fin de journée. Il a fallu bloquer l'évacuation de Tignes pour le prendre en charge. À quelques mètres de l'icône, Thierry

1. Twitter : petit oiseau bleu véhiculant des gazouillis.

2. Coureur français ; à sa façon, autre showman de ce Tour de France et grand utilisateur des réseaux sociaux.

3. M. Raymond Poulidor, Antoine Blondin disait de lui qu'il avait inventé la poupoularité. Héros populaire disparu le 13 novembre 2019 à Saint-Léonard-de-Noblat, il nous a laissé en héritage mille histoires et un petit-fils plein d'avenir.

Gouvenou s'offre une parenthèse hors de la bulle. « Quand tu lances ton tweet, j'étais encore au village départ. La communication me tombe dessus dans tous les sens. Je me carapate et je rentre dans ma voiture. Je regarde mon application météo. Je me dis qu'effectivement à Val Thorens, ils reçoivent… J'étais inquiet. Je me disais : on a eu un Tour magnifique. Hier nous ne sommes pas allés au bout, aujourd'hui si nous n'y parvenons pas… »

Gouvenou a de la ressource mais face aux éléments qui s'acharnent, le bon sens normand n'a plus de marge de manœuvre. « Le Tour normalement, ça ne s'arrête pas. Il ne s'est jamais arrêté et il ne faut pas qu'il s'arrête. Déjà on a fait une entorse parce qu'on n'a pas pu faire les quinze derniers kilomètres la veille, deux jours de suite, ce n'est pas bon. »

14 heures, la bulle s'élance de la place de l'hôtel de ville d'Albertville, la pluie cesse aux *Chalets du Thorens* sur la ligne d'arrivée. La ligne ne bougera plus. Le miracle a eu lieu. « Finalement, tout notre travail est validé par la victoire de Nibali. Avoir un champion emblématique qui va gagner ce jour-là, c'est fantastique pour lui et formidable pour nous. »

Vincenzo Nibali[1], viendra après le podium du vainqueur féliciter Gouvenou. En s'imposant à Val Thorens, le requin de Messine estampille de son aura les décisions des hommes de l'ombre. En 2018, l'Italien, victime de la stupidité d'un spectateur dans l'Alpe d'Huez, avait quitté le Tour en ambulance[2],

1. Vainqueur du Tour en 2014. Avec Anquetil, Gimondi, Merckx, Hinault, Contador et Froome, il fait partie d'un cercle d'initiés ayant gagné les trois grands Tours.

2. Louis Pillot, « Victime d'une fracture d'une vertèbre, Vincenzo Nibali ne repartira pas », Eurosport.fr, 19 juillet 2018.

une vertèbre cervicale fracturée. En s'adjugeant la 20e étape, le rayon de soleil sicilien ponctue quarante-huit heures d'orage dans les voitures rouges d'ASO. Le livre d'or de l'édition 2019 retiendra l'avènement du jeune Egan Bernal, 22 ans et premier Colombien vainqueur du Tour de France. Et dans trois ans, comme le disait Patrick Lefevere, qui se rappellera ce 26 juillet quand il regardera le palmarès ? Vous peut-être.

22 h 34, Val Thorens (Savoie)
Place du Slalom – Hôtel *Le Pashmina*

Classement général : 1 – Bernal (Col), 2 – Thomas à 1'11" (GB), 3 – Kruijswijk à 1'31" (PB), 4 – Buchmann à 1'56" (All), 5 – Alaphilippe à 3'45" (Fra), 6 – Landa à 4'23" (Esp), 7 – Uran à 5'15" (Col), 8 – Quintana à 5'30" (Col), 9 – Valverde à 6'12" (Esp), 10 – Barguil à 7'32" (Fra).

Coureurs, assistants et directeur sportif, la meute du Wolf Pack au complet a privatisé le zinc de son antre nocturne. Vannes et éclats de rire se succèdent. Une bière à la main, assis sur un tabouret de bar, Julian affiche un sourire las. « Le soir, à l'hôtel, on a bu une bonne bière tous ensemble. J'ai vraiment la sensation d'avoir tout donné, je n'aurais rien pu faire de plus. Avec le relâchement, j'étais complètement au bout dans une espèce de vide. J'étais content, fier et épuisé. Un feeling que je n'avais jamais ressenti avant. Je n'arrive même pas à me l'expliquer. »

L'agitateur de peloton est allé au bout de lui-même, au bout des objectifs qu'il s'était fixés pendant l'hiver avec Franck, son cousin et entraîneur. Quatorze jours en jaune, deux victoires d'étape, Julian a fait le show sur cette 106e édition.

Loin des considérations réglementaires d'un journaliste de proximité, Alaphilippe avance également l'esprit de la règle lorsqu'on lui reparle de l'Iseran. « Si la course avait été annulée, la veille j'aurais peut-être terminé sur le podium. Mais j'avais pété dans la montée de l'Iseran et j'aurais répété dans la montée vers Tignes. »

Le 27 juillet au bar de l'hôtel *Le Pashmina* de Val Thorens, Alaphillipe n'avait pas tous les éléments sur les deux dernières étapes de ce Tour 2019. Comme avec Jacky, nous revivons ensemble et par téléphone ces deux journées de course par le prisme des décisions arbitrales. Oui, Julian aurait pu gagner le Tour sans combattre. D'Argentine, où le héros tricolore prépare la saison 2020, tout cela est déjà bien loin.

« Si on ne fait pas l'étape de Val Thorens, j'aurais peut-être gagné le Tour, mais franchement je n'aurais pas voulu le gagner comme ça. Le peloton ne me l'aurait pas pardonné[1]. »

22 h 08, place de la Concorde (Paris) Plateau d'Eurosport

Le pied du faux plat montant qui mène à l'Arc de triomphe sera le terminus de fin d'odyssée. Pas de Bernard Hinault,

1. Au-delà du règlement de l'UCI, il existe un règlement immatériel interne au sein du peloton. Connu de tous les coureurs professionnels et amateurs, il tend lui aussi à faire respecter l'esprit des pionniers de ce sport sublime.

ni d'Emmanuel Macron dans la dernière séance des *Rois de la pédale*, juste une bonne bande éreintée mais heureuse qui fête la victoire d'un jeune Colombien, leader crédible d'une nouvelle génération. Pendant que Louis-Pierre Frileux donne le clap de fin de nos aventures télévisuelles, derrière mon pupitre, je revis le rêve qui m'a bercé ce matin sur la route du retour des Alpes, après une nuit de repos imposée par le règlement du service des affaires générales d'Eurosport à Mâcon dans un hôtel planté entre deux sorties d'autoroute[1]. Au point de tangence avec le plan vertical[2] de notre plateau de fin, le bus de la Deceuninck est comme encastré dans notre salon de verre. Nos deux refuges mobiles font camping commun sur l'une des plus belles places du monde. En spectateur VIP, j'observe Julian Alaphilippe. Le loup, dressé sur la première marche de son bus, fait la clappe avec ses supporters entassés contre ce podium de fortune. Vivement l'année prochaine.

Le rideau tiré, notre troupe s'éparpille par tandem en quête de l'entrée du parking souterrain de la place de la Concorde avant de se reformer à la soirée de fin de Tour. Elle aussi imposée par les services généraux d'Eurosport.

Dans la roue de Jacky, chargé de la documentation, laissée en dépôt dans mon pupitre depuis trois semaines, je goûte ce moment. En vingt ans de boîte et depuis mon premier déplacement professionnel[3], j'ai pris l'habitude de respirer une dernière fois le parfum des grandes émotions que nous vivons et tentons de faire partager. Retardé par mes flâneries, j'ai perdu le contact

1. Sans ce règlement, nous aurions tiré tout droit jusqu'à la capitale. Nous vieillissons.

2. Extrait du chapitre VI du *Guide du juge à l'arrivée* de l'UCI : « Comment juge-t-on une arrivée ? ».

3. Meeting d'athlétisme, Eaubonne, 1999. Ça ne s'oublie pas.

de mon leader. Le père Durand a profité d'un moment de faiblesse pour se faire la malle.

Non sans difficulté, je le retrouve caché dans un groupe au derrière de la voiture-balai, cacahouètes en main.

En compagnie de Thierry Gouvenou, François Lemarchand et Sébastien Piquet, pour ne citer que l'identité des leaders, Dudu participe à un ravito qui n'est pas répertorié sur notre livre de route. Devant la porte de l'une des huit guérites de Gabriel reconverties en entrées de parking, un apéro sauvage s'organise avec les restes des produits du terroir, glanés sur le chemin de l'illustre véhicule qui ferme la bulle. Jacky a tout de suite flairé le bon coup. En principe, lorsqu'à la sortie de la zone technique une embuscade se prépare et que nous avons deux heures de route, nous passons la nôtre. Ce soir sur la place de la Concorde qui s'illumine sous nos yeux, nous n'allons pas nous échapper, s'il faut trinquer, alors nous trinquerons.

En trois gestes et trois mots pour l'écrire, Jacky met sa tournée. Pendant qu'il entame l'une de ses célèbres anecdotes devant un parterre captivé, je m'isole pour croiser le verre avec « Nounours ».

Moi — Bravo, Thierry, vous avez été énorme ! Tu dois être bien vidé ?

Gouvenou — Oui, content que cela se termine. Tu m'auras bien ennuyé avec ton tweet. À la tienne !

Moi — Sans rancune ! À vous, au Tour !

ÉPILOGUE

Décembre 2019, Boulogne-Billancourt
(Hauts-de-seine)
Siège d'ASO

L'orage tonne et le Tour passe. Dans le nouveau bureau de Christian Prudhomme, nous revenons sur ces quarante-huit heures qui ont vu le Tour de France vaciller.

« Ce que je me dis, c'est qu'on ne pourrait pas inventer le Tour de France aujourd'hui. Si on inventait une épreuve comme ça aujourd'hui, on nous dirait : "Vous êtes complètement fous." J'en suis absolument convaincu. »

Le poids de son histoire séculaire permet au Tour de s'affranchir de tous les obstacles. Des préfets aux étudiants, qui déplacent des kilomètres de barrières de protection pendant trois semaines, tous sont prêts à se surpasser par dévotion pour cette épreuve faisant partie du patrimoine immatériel de notre mémoire collective. Nos sociétés ont développé une aversion du risque, si les problématiques de Prudhomme aujourd'hui ne sont pas celles de Desgrange naguère, certaines choses sont immuables : « Il n'y a pas une épreuve qui ressente les soubresauts de la vie sociale comme le Tour de France. » Revendications sociétales, colères des agriculteurs, menaces terroristes ne sont jamais loin de la bulle.

Rajoutez-y les règlements de l'UCI, la réglementation imposée par les préfectures et les réseaux sociaux inquisiteurs de vertu, le champ des possibles se réduit. « Tout est de plus en plus normé. Ce qui fait le sel, de ce que l'on fait tous, est de plus en plus corseté. On nous met dans un corset de règles. Ce corset, il peut tuer le vélo et les grandes courses par étapes. Ce n'est pas le risque, c'est la notion du risque. Sur le dernier Liège-Bastogne-Liège[1] on a été ennuyés parce que le tracé prenait une route étroite avec des clôtures de chaque côté. Comment fait-on ? Nous allons dire aux paysans : "On va démonter vos clôtures", cela n'a pas de sens. Il faut bien comprendre que la sécurité est l'obsession des organisateurs. Et que même en prenant toutes les précautions nécessaires, le sport cycliste demeure un sport dangereux. »

C'est dans ce contexte que les hommes aux voitures rouges ont géré les crises des 27 et 28 juillet 2019. Et c'est avec les mêmes principes de sécurité et de continuité qu'ils ont essuyé celle de la pandémie de coronavirus.

Une semaine avant la décision présidentielle de mettre la France en confinement, Paris-Nice[2] s'élance des Yvelines. Un nouveau cas exceptionnel pour François Lemarchand, pierre angulaire de la course au soleil. « Sur le dernier Paris-Nice, nous ne savions pas où nous allions. Tous les jours, les coureurs faisaient une course formidable parce qu'ils pensaient qu'elle allait s'arrêter le soir. La semaine suivante, quand j'ai vu le confinement et le monde à l'arrêt, je me suis demandé si nous avions eu raison de faire la course. Oui, parce qu'il n'y avait pas eu de malade et que nous avions pris toutes les mesures possibles. Mais ce n'est pas parce que nous sommes ASO que l'on a pas peur de temps en temps. »

1. Course d'un jour organisé par ASO.

2. Course par étapes préférée de Sean Kelly, racheté par ASO en 2002 à Laurent Fignon.

Lorsqu'un cas exceptionnel apparaît, les règlements et les méthodologies à suivre sont souvent à inventer. Nous l'avons vu avec le coronavirus, cette épreuve mondiale. Malgré toute la volonté de nos responsables, l'absence d'information sur ce nouveau péril a retardé la mise en place de réponses adéquates. En respectant les directives sanitaires du moment et en prenant des mesures barrières bien avant qu'elles ne soient appliquées sur le territoire national, les organisateurs ont réussi à faire disputer Paris-Nice. Alors que partout dans l'Hexagone les championnats tous sports confondus tiraient le rideau sur la saison.

Seule la dernière étape qui arrivait à Nice deux jours avant le confinement a été annulée en concertation avec les autorités locales pour limiter au maximum les risques de contagion en ce jour d'élections municipales. Depuis, Jeux olympiques de Tokyo, Euro 2020 de football ont été reportés à 2021. Une nouvelle gestion de crise débute pour François Lemarchand et ses collèges. « Combien de fois nous avons eu des coups de téléphone dès la fin du mois de mars pour nous dire pourquoi vous n'annulez pas le Tour ? Contrairement au foot, que je ne connais pas bien, où ils se sont tous pris à partie, chez nous, tout le monde a été solidaire : l'UCI, ASO, les coureurs, les équipes. On s'est réuni et on s'est dit : "Prenons le temps, on va voir comment cela évolue." »

Se donner du temps pour appréhender le problème et les risques. Alors que le monde du sport est sur off, les organisateurs du Tour se refusent à toute communication pour ne pas alimenter inutilement la vorace bulle médiatique.

Dans un premier temps, ils confirment que le Tour 2020 se déroulera aux dates initiales, en fonction de l'évolution de la pandémie.

Ce temps est utilisé pour trouver des solutions de repli en discutant avec les collectivités locales concernées par le tracé, et avec l'UCI pour organiser le calendrier de reprise de la saison cycliste qui sera complètement articulé autour du plus vieux des trois grands Tours.

Le 15 avril, dans le JT de 13 heures, alors que la France traverse le pic de la pandémie, Christian Prudhomme annonce, en exclusivité sur le service public partenaire d'ASO, que le prochain Tour se disputera du 29 août au 20 septembre, si les conditions sanitaires sont réunies.

L'ancien journaliste passera une partie de l'après-midi avec les radios et la presse écrite avant de ne plus communiquer.

Le 29 août prochain à Nice pour la 107e fois de son imposante histoire, le Tour devrait reprendre. Ceux qui veillent à ce que le mythe se perpétue depuis 1903 auront fait leur travail, fidèles à leur mission de continuité.

« Être fidèle, c'est assurer la continuité de la vie, c'est affirmer sa vérité, garantir son attachement à soi-même[1]. » Si c'est le cas, nous célébrerons ensemble ce merveilleux lien social, nous célébrerons ensemble la continuité de la vie.

1. Michel Comte, artiste, chorégraphe, metteur en scène (1932-2008).

REMERCIEMENTS

À tous ceux qui participent à la légende du Tour depuis plus d'un siècle.

Aux « rois de la pédale » et à toute la famille d'Eurosport.

À mon tonton qui m'a soutenu, encouragé et relevé dans cette aventure.

À ma mère, à ma fille, à leurs mères et aux miens.

À celle qui a partagé ce confinement.

Aux gardians, mes amis de trente ans. Vivement notre prochain repas.

À vous qui avez vu la ligne d'arrivée.

GDG
SKY
FDJ
PIN PON PIN PON
POU POU
VENDREDI
26
JUILLET
2013

Composition et mise en pages
Nord Compo à Villeneuve-d'Ascq

Achevé d'imprimer en juin 2020 par Corlet Imprimeur — 14110 Condé-en-Normandie
Dépôt légal : juin 2020 — N° d'imprimeur : 20060289 — *Imprimé en France*